こころがどんどん癒される

愛と笑いのメッセージ

越智啓子 著

はじめに

この本を手に取ってくださって本当にありがとうございます。

きっとどこかの時代で一緒だったことがあったのかもしれません。

何かのご縁で本を通じて再会できたことをとても嬉しく思います。

この本は、日常のいろんな場面での問題点へのメッセージがたくさん入った玉手箱のようなエネルギーを持っています。

きっと今の自分にぴったりのメッセージが、ベストタイミングで見つかると思います。

私自身、子どもの頃に自分が嫌いで、自分を消したいほどうつ状態になったことがありました。不安が強くてパニック障害を二度も体験しています。若いときから人間関係が苦手でずっと悩んできました。小さいときから抱えていた副腎の難病が癒されて、とても元気になりました。ユニークな精神科医になって、多くの悩める人々へのアドバイスをするようになって、そういった体験がとても役立っています。

自分自身の体験にこんなに意味があったのだとしみじみと感じています。私だけでなく、うつ状態の患者さんにも「今体験しているうつが、あとできっと役に立つから」と話すと、その言葉が希望の星になって、本当にうつがよくなったのです。そして、自分と似たような悩みの人に出会って同じことを伝えてみたら、その人もうつがよくなったそうです。素敵な愛の循環が起きています。

本当に人生一切無駄なしですね。

特に人間関係の悩みはどんな人にも大切な課題です。過去生療法をするようになって、「人生のしくみ」がわかってくると、なぜ人間関係の悩みが生じるのかがもっと深くわかってくるようになりました。過去生で「嫌なこと」があったままだと、その相手に今生で再会したときに前の「嫌だ」という感情が戻ってくるのです。その相手としっかり向き合うことで自然にいい流れになって、そのタイプの人が平気になってきます。苦手な人間関係を乗り越える体験によって私達はまた進化していくのです。

我慢しないで自分の本当の気持ち＝本音を伝えてみましょう！

きっといい展開になってきます。

自然体の自分になれて、そんな自分が好きになって、ますますいい流れになってきます。愛と笑いの癒しをずっと続けてきたおかげで、自分自身も愛と笑いがいっぱいの人生になってきました。

みなさんにもそうなって欲しいという思いを込めて、この本を書いてみました。マイナビの佐藤望さんがとても熱心に講演会にも参加してくださり、ぜひ私の本を出したいと辛抱強く待っていただいて、ようやく夢が叶いました。

この本は、あなたへ語りかけるメッセージの形をとって書かれています。

今悩んでいること、チャレンジしていること、あきらめていたこと、何とかしたいこと、そのいろいろなことに、少しでも元気になるメッセージを届けられますように！

あなたという素敵な光、魂に、愛と尊敬を込めてメッセージを届けます！

愛と笑いのメッセージ　目次

第2章　人生の転機に立っている人へ

第3章　運命を変えたい人へ

第４章　恋愛・結婚で幸せになりたい人へ

第5章　家族みんなで幸せになりたい人へ

第6章　人間関係でうまくいかない人へ

第7章　世の中を笑顔でいっぱいにしましょう

本書は、『愛と笑いのメッセージ』（2012年9月／小社刊）を文庫化したものです。

第1章

自分自身を好きになりたい人へ

自分に自信がない人へ

自信のないあなたにも、今回の人生で生きていく意味が必ずあります！
自信がないということは、
まだいくらでも成長、進化できるということです。
地震が多い時代に、自信（地震）がないことは、とてもありがたいことです。
自信とは、自分を信じられることです。
その自分が肉体ではなくその中に存在する光、
意識だとわかると、自分を信じることができるようになります。
光であることを知って、自信を持ちましょう！
自然に自分の中からキラキラの光があふれ出て、
自信を持てるようになって、輝き出してきます。キラキラ！

「自信がないんです」とクリニックでつぶやく患者さんが結構多いので、この「自分に自信がない」というフレーズは、聞き慣れています。

そういう私も、子どものころから大人になるまで、本当に自信がなくて打ちひしがれていました。そのころがとても懐かしく思い出されます。誰よりも自信がなく、誰よりも自分が嫌いで、とても真面目でめったに笑わない暗～い性格の女の子でした。

それが、今ではクリニックの診療で患者さんがソファからずり落ちそうになるほど笑い療法を使えて、ギャグを思いつくのが大好きな明るい精神科医になりました。講演会では参加者のみなさんを気持ちよく笑わせます。愛と笑いがたくさんの講演会をするようになりました。

真面目で暗かった私は、今ではほどよく自信がつき、自分の直感を信じる力が抜群で、ギャグをすぐ思いつく面白い性格になりました。

「自信がないんです」と暗くうつむいて話す患者さんを見ると、昔懐かしい自分自身を見るような気持ちになります。

「自信はないくらいがちょうどいいですよ。自信がないほうがずっと成長できるからです。人は自信を持ち出すと成長をやめてしまいます。もうちょっとこのままでいましょう！」と、せっかく自信を持ちたいという人に、そのままでいいのだと太鼓判を押してしまうこともあります。相手は拍子抜けして、「自信がなくていいなら、自信がないまま頑張ってもっと成長します！」と素直に笑顔で帰られる方もいます。

その一方で、患者さんに「私は天才です！」と大きな声で両手を広げながら三回言ってもらうこともあります。すると大笑いしながら、笑いと言霊（ことだま）パワーで突然輝き出し、魔法にかけられたかのように明るい自信に包まれてキラキラ笑顔で帰る方もいます。

「同じ自信のない人に対して、なぜこんなに対応が違ってくるの？」と思われるかもしれませんが、私は「魂の通訳」をしているために、その人の「魂のリクエスト」に従って解説していると、相手によって自然に対応が違ってきてしまうのです。

人はそれぞれにぴったりの自信への道があるからなのです。

まずは、「自信」という字から、わかりやすく解説しましょう！

自信とは「自分を信じること」です。

次に、「自分」という基本的なところから考えてみましょう！

「自分を信じる」というときの「自分」とはいったい何でしょうか？

「自分が光だ」と知っている人は、自分を信じることができます。

「自分がこの肉体だ」と思っている人は、その肉体がおそまつだと思うと自信を持つことができません。

私も子どものころは、自分というものは肉体そのものだと思っていましたから、その肉体がまわりの同じ年齢の子と違って劣っていると感じると、それだけで自信を失っていました。

今では自分が肉体という器に入っている光、意識だとわかってきたので、やっと自信が持てるようになりました。自分について本当のことを知ると、自然に素敵な、ほどよい自信が出てくるのです。

だから「自分が何者であるのかを知ること」はとても大切になってきます。

私達は本当のことを知ったときに、揺るがない安心感とともに、絶対なる自分への信頼、自信が出てきて、びっくりするほどの光が中からあふれてきます。まわりが光輝いて明るくなり、視界が開けてくるのです。

素の自分、本当の自分、自分の中にある「魂と呼ばれる光の自分」を信じてみませんか？

本当の自分であるあなたの魂は、あなたの人生を悪いようには導きません。だから絶対に大丈夫です！　光の自分は、不安と恐怖の暗闇には決して連れて行きません。必ず明るくて心地よい光の世界に導いてくれます。

「オーラ」という言葉を聞いたことがありますか？

『オーラの泉』というテレビ番組が放映されて、オーラという言葉が一気に日本全国へ広がりました。

ずばり、「オーラ」は「自分の中の光があふれ出ている色光（しきこう）（色のある光）」です。

私達は、喜ぶとおなかから黄色い光線がピカーっと出てきます。オーラ写真機という、オーラを映し出す不思議なポラロイドカメラを使うと、そのとき一番強く出ている光の色がとても美しく写ります。自分の美しいオーラ写真を見れば、うつ状態の人も「自分はこんなに輝いている美しい光なのだ」とわかって、うつから卒業できます。

ずっと自分はうつ状態だと思ってきた方も、自分の美しいオーラ写真の色光を見るだけで、ふと希望の光が差してきて、お先真っ暗だった状態から、希望の光が見えてくる状態に変わっていくのです。

私はクリニックで、患者さんのセッション中に同じようなプロセスをたくさん見てきました。

自分はダメだと思い込んで自信を失ってくると、どんどん暗くなって首もうなだれ、目もどよんとにごり、猫背になって、とぼとぼと歩きます。

まさに「お先真っ暗」の状態です。何もしたくなくなり、無意欲、無気力、無感動になって、いわゆる「うつ状態」になるのです。

自分が光であることを知ると、どんなに重いうつ状態の人でも、はっと我に返って、光を閉ざしているブロックやふたに意識が向くようになります。「マイナスの思い込みのふた」が取れると、そのあと見事に自分の中の光があふれ出て、まぶしい光に包まれた最高に幸せな気持ちになります。

ふたが取れた人の心臓のあたりにある、エネルギーセンターからパーッと光があふれてきます。

まわりが明るくなって、視界が広がり、視力がよくなったのかと思うほど、周囲の景色がクリアに美しく見えます。

その瞬間、まさにうつ状態からの卒業です。そして自然に自信が出てくるのです。自信をつけるには、自分の本質が光、意識で、思うように自分の人生を創造できることを、まずしっかり知ること、正確には思い出すことなのです。そして、実際にその光を感じるために光を閉ざしているマイナスの思い込みや感情を解放してみることです。本当にマイナスの思い込みがプラスの思い込みに変換されたとき、自分の中から思いがけない美しいまぶしい光があふれ出て、自分のまわりが明るくクリアに見えてくることを体験してみましょう！　本当に視力がよくなったかのように、視界が広がってものがよく見えるのです。

ためしに、ここでちょっと新しいプラスの思い込みをインプットしてみましょう！

「私は天才です！」

大きな声で三回言うと、それは新しい素敵な明るい思い込みになります。

最初は小声でも、心の中で言うのでも大丈夫です。その後、ぜひ声に出して言ってみてください！

こんな大それたことを言うのは、初めてだと思います。

なぜなら、誰も自分を天才だと思っていないからです。しかも、自信のないあなたにとっては、びっくりのフレーズです。だからいいのです。一度言ってしまえば慣れてきます。その調子です。何度も言ってみましょう！

ついでに次のフレーズも三回以上言ってみましょう！

「私は光です！」

そう言うだけで、自分の中からパーッと光が出て、本当に自分は光なんだと確認ができます。もともと私達は光なのですから、自信を持っていいのです。これから自分は光だと自覚して、世の中を明るく照らしていきましょう！

今の自分を好きになれない人へ

自分を好きになるには、自分をまるごと認め受け入れることから始まります。
まわりの人から好きだと言われても、
自分が自分を好きになれないと満足できません。中の光が出てきません。
自分を抱きしめて「大好き！」と言ってみましょう！
今の自分をそのまま好きだと思ってみると、ほっとした気持ちになります。
自分を大好きになると、夢がどんどん叶うようになります。
「自分大好き、ヨッシャー！」と言ってみると、
言霊（ことだま）パワーで本当に自分を大好きになります！

自分を好きになれないのは、嫌な自分を体験した過去の記憶があるからです。今の自分に満足していないからです。理想の自分のイメージを別に持っているからです。もっと向上したいという要求があるからです。

前にも書きましたが、私も自分が大嫌いでした。でも、今では面白い自分がとても大好きになりました。だから、私はこのメッセージを書く適任者だと思います。

自分が嫌いだった過去の状態を見ると、自分を他人と比べて、「ないものねだり」をしていました。背の高いかっこいい人を見て、背の低い自分が嫌いでした。可愛い人を見て、ブスッとした可愛くない自分が嫌いでした。

最近、背が高いのが悩みの10代の女の子がクリニックに来たときに、「ないものねだり」をすると自分を好きになれないのだとしみじみ思いました。その代わりに「あるものを受け入れてそれを上手に生かす」と考えるようにすると、素敵な自分を感じて好きになれます。彼女に「実は地球の中は空洞になっていてシャンバラと呼ばれるユートピアの別世界があるの。ノルウェー人の父子がシャンバラを二年半体験した話『地球の内部を旅した男』（徳間書店・5次元文庫）だと、そこの人々は3～4ｍも身長があるそうよ！　それに比べたらあなたの身長は低いわ！　あなたも昔シャンバラに住んでいたみたいよ！　地上をユートピアにしたいと志願して生まれ変わってきたの！」と言ったら、「生まれて初めて身長が低いと言われました」と大笑いして思わずのけぞったら、猫背が直ってしゃんとした美しい姿勢になり、輝いて見えました。

自分を受け入れた瞬間の輝きを目の前で見ることができたのです。

今の自分をそのまままるごと認めて受け入れてみましょう！

「あるものを受け入れてそれを上手に生かす」という言葉を、短く「あるもの生かし」というフレーズにすれば、より考え方がすっきりしてきます。

私の場合、子どものころから背が低いことを悩んでいました。今では、身体が小さいことがむしろチャームポイントになって、「可愛い！」と言われることが気持ちよく感じられるようになりました。

笑い療法のために、母が作ってくれたイルカ、ピエロ、クジラ、天使、太陽の塔などの着ぐるみを着るようになると、かえって背が低いことが好都合と思えるようになったのです。小さいことが自然に心地よく受け入れられるようになりました。思い方次第でこんなに現状を素直に受け入れることができるのです。

肉体は、地球の地上でいろんな体験をするために宇宙からお借りしている大事な器、パーツなのです。その器も自分が体験したい内容に合わせて、大きさや形を選んできているのです。肉体の条件はまるで人生という舞台の舞台衣装のようにぴったりとして、自分の魂さんがリクエストした通りのつくりになっています。

だから今の肉体は自分にぴったりなのです。まず、器である自分の肉体を今回の人生という舞台の衣装だと認めてしまえば、後はとても楽です。

その役を楽しく演じることができるようになります。

自分を嫌いな人は、まさに今、悲劇の舞台の主人公をやっています。悲劇の主人公に、とことんはまって長い間やり続けると、だんだん飽和状態になって悲劇に飽きてきます。そのときが悲劇から喜劇に変わるベストタイミングです。悲劇は生きている感覚が強いので、かなりはまります。いかにも「力強く生きている！」という感じがするのではまりやすいのです。

それでもいつか必ず悲しいことやつらいことの連続にうんざりして飽きてきます。

そのとき、そろそろ楽しい人生も体験したい、味わいたいと思い始めると、だんだん楽しいことが増えてくるのです。それを突き進めるといつの間にか喜劇へと突入します。

それでも「こんなに楽しいことばかり体験すると、いつか神様のバチが当たるのでは？」と心配する人がいます。そんな人は、喜劇と悲劇をうまくブレンドして両方を味わうように演出するのです。

「悲喜劇ブレンド人生」になったら、少しずつ自分のことを好きになってくる段階に入ります。

それも条件つきです。「○○ができたから自分を○Kにしてもいい」とか「△△まで到達したから自分をやっと認める」とか、無条件ではなくどこか大義名分となるものを探して、条件つきでやっと自分を認めることができるのです。

なかなか自分を認めない人は、理想が高いのです。ある意味、それほど「もっと成長したい！」という思いが強いのかもしれません。これは向上心です。

ところがここにパラドックスがあります。理想が高くて自分を認めないと、せっかく自分の中にある光が出てこられなくなるのです。中の光を上手に引き出すことができれば、どんどん才能も発揮されて、それこそ自分の理想が実現し、夢も叶うのに、光を出し惜しみしてかえって理想から遠ざかってしまうのです。

これではもったいないのです。自分を認めて大好きになってあげましょう！　自分の中の光があふれ出て、さらに大好きな自分になっていきます。

自分自身をぎゅっと抱きしめて「大好き！」「今日もよく頑張った！」と声に出して言ってみましょう！　自分へのご褒美に「大好き！　大好き！　大好き！」と連発して身体を揺すると、ついでに身体の中の詰まりが取れて、お通じも血流もリンパの流れもよくなります。

「ぶるぶる体操」（ぶるぶるとシンプルに身体中を揺らす体操）や「ゆるゆる体操」（身体のすべてをゆるめると思って「ゆるゆる」とつぶやきながら筋肉や神経をゆるめる体操）をすると、さらに緊張が取れてリラックスできて、免疫力がぐんとアップします。

血流がよくなると、血液が末端まで運ばれて体温が上がり、酸素が運ばれて元気になります。ストレスがぐんと減って、余裕が出てきます。余裕の中からいいアイデアが浮かんできて、ルンルン気分になります。いつのまにか悪循環からよい循環に流れが変わってきます。

体調不良が絶好調に変わる瞬間です。ブラボー！

長年の体験でわかったことですが、自分を嫌うと、自分の身体から意識が離れてしまうので、集中力が低下して仕事能率も家事効率も大幅にダウンします。

くよくよ悩むと、意識は過去を思い出し、「ああすればよかった」、「こうすればよかった」と反省や後悔をして、またそうなると決めつけてしまいます。だから悲劇が継続するのです。せっかくの変えるチャンスを平和活用できないのです。

今に焦点を合わせると、過去の嫌な自分を未来につなげなくてすみます。

今この瞬間に過去からのマイナスをカットします！

未来へとつなげるのをやめてリセットしましょう！

嫌な自分のイメージを過去から未来へ続けないと決めましょう！

それには、すべてを忘れて今に集中できる、熱中できる、夢中になることをやってみましょう！

あなたにとっては、それは何でしょうか？

熱中できるものがあると、自分を好きになるのが早くなります。

まず、すぐにできることは、「笑い」と「運動」と「自己表現」です。運動と自己表現を一緒にした「踊り」が楽しいです！　気になっていてやりたかった「踊り」をやってみましょう！　特になかったら、魔法の言葉「すべてはうまくいっている！」を言いながら、両手でピースサインをしながら横歩きをする「カニ踊り」はいかがでしょうか？

あるいはタコやイカを思い浮かべて、「タコ踊り」でも「イカ踊り」でもお好きなように！　「踊り」ながら「笑い」も出てきます。

「笑い」はとてもお手ごろな集中法の一つです。私達が気持ちよく笑うと、大脳が「今とても幸せ！」と思い込んで、「今自分はとても幸せだ！」という指令を身体全体に送るので、さらに幸せだと感じる現象を引き寄せることになります。

この「思うことが現実を引き寄せる」というのは、宇宙の法則の一つで「引き寄せの法則」といいます。

アメリカでこの法則のことが話題になり、DVDで広がりました。2007年に『The Secret』という本も発売になって、世界中に広がりました。「引き寄せの法則」を理解することも、自分を好きになる方法の一つです。「自分が好きなもの」や「自分が好きな人」に囲まれ、引き寄せることができると、自然に自分を好きになっています。夢も叶ってきます。

なぜなら、好きなものや好きな人と同じエネルギーを自分の中にも持っているからです。熱中できるものがあるということは、大好きな自分の一部を見つけて掘り下げて味わっていることになるのです。

夢実現に集中したい方は、ぜひ自著『夢実現プロセス』(大和書房)を参考にしてみてください。

この「引き寄せの法則」の素晴らしいところは、マイナスなことを思うとマイナスな現象を引き寄せるということがとてもクリアなのです。

自分を嫌いだと、ますます自分が嫌いになる現象を引き寄せることになります。プラスを思うとさらにプラスを引き寄せるのです。とてもシンプルな法則ですだから「自分大好き、ヨッシャー！」と大きく声に出して三回以上言うことで、どんどんその気になってそう思えるようになるのです。ちょっとここでまたやってみましょう！

「自分大好き、ヨッシャー！」を三回以上です！

いかがですか？　心も身体も少し軽くなった感じがしませんか？

自分を大好きになれば、気持ちも軽くなって、自然に笑顔が出てきます。

きっとあなたは、自分のファンクラブの会長になれます。

笑顔はまわりを明るく照らして、まわりの人も笑顔にします。

トラウマや過去の自分を気にしすぎてしまう人へ

過去に体験した心の傷のことをトラウマといいます。
トラウマは、過去のものですから、
必ずしも今と未来に引き継ぐ必要はありません。
楽しいイメージの力でトラウマを解放する方法があります。
大草原を虎と馬が走り抜けるイメージです。笑いとともに、去っていきます。
トラウマを体験することで、あなたの愛がもっと広く深くなっています。
人生一切無駄なしなので、トラウマにもプラスの意味があったのです。
トラウマさん、ありがとうさようなら！
おかげで私の愛は深まりました！

「トラウマ」という言葉が、ブームのように使われています。トラウマとは、自分が受けた心の傷という意味の英語「ｔｒａｕｍａ」です。

もちろん、子どものころに受けたトラウマもあります。学生時代に受けたトラウマもあります。就職して会社で上司や先輩から受けたトラウマもあります。

トラウマは普遍的なものではなく、同じ状況を体験してもトラウマになる人とならない人があります。受け取り方の問題なのです。同じことを言われてもそれで心が傷つかなければトラウマにはなりません。実は感じ方によるものだと理解してください。だから鈍感な人はトラウマになりません。何か言われても、それを自分のことだと思わないとトラウマにはならないのです。

言われたことを「自分のことだ」と思い、傷つけられたと認めるとトラウマになります。

どんなに叱られ、怒鳴られても「それはあなたの素敵な勘違い、私のことではないわ～」と思えば、トラウマにはなりません。

自分が悪くて、自分のせいだとしっかり受け止めて、自分を責めるようになると、やっとトラウマになります。

結構、トラウマになるためのプロセスがしっかりとあるのです。

あなたは立派なトラウマを持っていますか？

もしかして、そのトラウマは素敵な勘違いだったのではありませんか？

もし、トラウマを受け止め直すことができたら、あっという間にトラウマが消えていきます。そんな楽な方法があるなら教えて欲しいですか？

この項目の冒頭メッセージでも紹介したように、ここでまた笑い療法が活躍します。

大草原を虎と馬が駆け抜けていくイメージを描いてみましょう！

その後に、ついでにひょうきんな顔をしたラクダがゆっくりと歩いている光景を思い描いてみましょう！　トラウマが消えて、代わりに楽になる人生のコースに変わります。トラウマ消えて、そりゃラクダ！

そんな語呂合わせのような簡単さでいいの？　いいのです。

人生は舞台で、私達は演じているだけなのです。いろんな役をいろんな舞台で体験しているのです。それも好き好んでです。そこに人生のしくみの真髄があります。

人生の舞台は、すべて自己責任なのです。

自分の思いで自分の人生を創っています。だから「引き寄せの法則」が大切なのです。自分がこうありたいという思い、イメージを描く習慣をつけるようになると、自然に自分の人生が思うとおりに変わってきます。一度そうなってきたら、面白いようにどんどん夢が叶って、好きなものや人に囲まれていつも笑顔でいられる人生になってきます。まさに笑いが止まらない人生への変換です。そうなる体験をぜひこの人生で味わいましょう！

今から起こることは、実は昔の自分が思ったことが展開しているのです。何が起きても「これは昔の自分の思い込みが現れているだけ、素敵な勘違い、大丈夫、一時だけよ、これからどんどんよくなる、よくなる、ラクダが歩く、虎と馬は駆け抜けて消えていく、大丈夫、大丈夫！　トラウマ消えて、そりゃラクダ！」と思うようにしてみましょう！

そうイメージしたり、思ったりすることで、自然に笑いがこみあげてきます。それが余裕になって、思いがゆるゆるになってきます。ここで「ゆるゆる体操」をついでにしましょう！

身体がリラックスしてゆるゆるになるように、全身を気持ちよく揺らします。はい、「ゆるゆる、ゆるゆる、全身からブロックがはがれて流れる。血液サラサラ、リンパもサラサラ、筋肉ゆるゆるゆる、神経もゆるゆる、頭もゆるゆる、骨盤ゆるゆる、元の位置にお戻りください。ゆるゆる、ゆるゆる〜ついでに心もゆるゆる〜」

という具合に、身体のすべての緊張をほどいて、ゆるゆるにしていきます。

これが人生の舞台をトラウマだらけの悲劇から、笑いがいっぱいの喜劇へ変換する簡単な方法です。そして口癖は「まあいいか！　なんとかなるさ〜！（沖縄語では「なんくるないさ〜」）」です。

人生は、いろんな体験を味わうための、役を演じるための舞台であることをお忘れなく。もし、あなたにたくさんのトラウマが残っていたら、それは、悲劇の主人公ヒロインを演じているのです。そのままその状態を楽しむか、飽きてきたらぜひ喜劇への変換を！

確かに、悲劇のヒロインのほうが、生きているという実感を強く持てるかもしれません。人は、どうしても悲劇の方がはまりやすいものです。でもずっと悲劇をやり続けていると、そのうちうんざりして飽きてくるのです。「もう嫌だ！　何とかこの状態から抜け出したい！」と思うときが潮時です。

その潮時を知らせるきっかけは、一見マイナスに見える現象であることがあります。たとえば、会社にリストラされたり、伴侶から離婚を言い渡されたり、転勤で思いがけないところに移動したり、愛する家族が亡くなったり、すべて悲劇的に見えますが、それをきっかけにさらなる幸せな状態へと大きく展開するのです。

たとえ、今生が魂の演出で波乱万丈であったとしても、素敵な人生の転機が必ずやってきます。まさに突然動き出す感じです。

仕事を辞めて、次の仕事も見つからず、お先真っ暗で八方ふさがりだとうつ状態でクリニックの診療に来た女性の場合、「魂の通訳」として魂からのメッセージを伝えてみると、「今は婚活のとき、仕事を探している場合ではない！」というびっくりの展開になりました。パートナーを引き寄せる香り、ローズを使って、クリスタルはインカローズとロードナイトを両手に握ってもらって、ハンドヒーリングとヴォイスヒーリングでエネルギー治療をしました。近未来のイメージとして、彼女が純白のウエディングドレスを着て、最高の笑顔になっている姿が出てきました。

八方ふさがりだったのに、華やかな結婚への道の流れに急展開してきました。

そして、実は彼女には好きな人がいて、最近再会したのだということを、思い出したかのように話し始めました。その人とは過去生で男女が逆転しているので、彼女の方からリードしていくと、トントン拍子にうまくゴールインします。これからが楽しみです。

ずっと結婚したくてもできない婚活のケースの方が、やっと結婚しますと報告にみえました。過去に「愛の告白」をして断られたトラウマがあったケースで、そのトラウマを解放して、彼女の方から自分の本当の気持ちを彼に伝えたら、彼女候補の人がちらほらいたのに、しっかりと彼が自分に向き合ってくれて、晴れて結婚できることになったのです。「愛の告白」のトラウマがあったからこそ、勇気を出して「愛の告白」をすることで、結婚の夢が叶いました。

このように、最近はメンタルクリニックというよりも「婚活クリニック」と名称を変えた方がいいくらい、婚活のケースの方が増えています。

私も二回目の離婚をしたあと、沖縄に突然移住してそれから念願の本を書き始めました。この本で25冊目になります。

子どものころから本を読むことが大好きで、将来、本を書いてみたいという夢を描いていました。まさか精神科医になって、25冊も本を書くとは思っていませんでした。これも「引き寄せの法則」に則していると思います。

そして、本を書いたことがきっかけで沖縄でさらにパートナーが見つかって、三回目の結婚もすることができました。どんどん夢実現を引き寄せています。

トラウマは全部がマイナスではなく、夢実現のハードルとしてそれを乗り越えたときに、さらなる喜びの醍醐味を提供してくれます。

トラウマを恐れないでください。必ず今回の人生でそれを乗り越えて、素敵なハッピーエンドになります。喜びを深く味わうための演出と思いましょう！

トラウマは人生の舞台をさらに感動的に盛り上げるための演出効果となります。今のあなたの舞台で、気になるトラウマがあったら、必ずベストタイミングにハイライトの場面を引き寄せてくれます。
あなたもそろそろトラウマを解放して、素敵な展開を演出しましょう！
今回の人生は、必ずハッピーエンドです。
トラウマさん、ありがとう、さようなら！
トラウマ消えて、そりゃラクダ！　楽な人生へＧＯ！

自分のよいところが見つからないと思っている人へ

自分には何もよいところがないと思い込んでいる人がいますが、
誰にでもよいところ、素敵なところがいっぱいあるのに、
気づいていないだけなのです。
自分のよいところを見つけてみましょう！
実際に気づきのノートを作って、書き出してみましょう！
意外にいくつも出てきます。愛を持って自分を観察してみましょう！
いいところが見つかってくるとそれを応用して、
まわりの人のいいところも目につくようになって、
さらに人間関係がうまくいくようになりますよ！

もし、私が沖縄の明るい元気なおばあ（おばあさん）になって「自分のいいところは？」と聞かれたら、こんな感じになるかもしれません。

「自分のいいところね～たくさんありすぎてすぐに出てこないね～くよくよしないで前に一直線のところかね～悩みが続かないわけよ。一晩寝たら忘れるのよ～どんなことがあっても必ず助けてくれる人が現れるのも入れていいかもね～考える前に動いてる、すぐに動き出すところもいいところね～行動力は抜群ね～。チャレンジ精神も旺盛ね～やってみないとわからないけど、やってみると意外にできてしまうしね～」

きっと次から次へと湧き出るかのように、自画自賛の素敵な面が出てきます。あなたはいかがでしょうか？

自己卑下が得意な人には、ちょっと難しいかもしれません。でもやってみるとはまると思います。一気に自己卑下とは真逆の、自分を認める自画自賛の世界に突入するからです。自己卑下と自画自賛の真逆具合を実際の例で見てみましょう！

自分は何をやってもダメ――自分はとにかく天才！
自分は心配性――自分は楽天的！
自分はいつも失敗――自分はいつもうまくいく！
自分はいつもくよくよ――自分はいつもＯＫ！

いかがでしょうか？

ものごとは表裏一体です。プラス面とマイナス面が合わさっています。どちらを自分の世界観にするかは選べます。マイナス面がすぐに身につく人は、連鎖反応でマイナス面ばかりが目に飛び込んできます。プラス面を見る人との交流で刺激され、初めてプラス面に気づくようになってきます。

プラス面がすぐに目につく人は、いろんなものを見てもプラス面を選び取ります。こちらのほうが自分の中から光を出すので、必ずパワーアップしてきます。

表現の違いが思い方の違いとして、その積み重ねの世界が変わってくるのです。自分のまわりのすべてのことをめでたく見ることができたら、ルンルン気分で人生を楽しめるようになります。

自分をどう見るかが、究極の世界観として展開するのです。私の著書『光の時代がはじまりました』(徳間書店)の最後の4章に新しい世界観を紹介しました。その世界観には書いた私自身もびっくりしています。今まで持っていた世界観がまた無限のゼロからのやり直しのような感じがしました。

私達はいきなり人間になったわけではありません。まず鉱物から始まって、何千年も鉱物をしっかり堪能し、次は植物を体験して、木、草、花をいろいろ創った意識の歴史があります。

その後は、海が好きな意識は海へ入って、魚や貝や海の動物を創りながら体験しました。山が好きな意識は森や川に入って、両生類や昆虫や動物を創りながら体験してきました。その後で人間を何度も体験してきた意識の集合体なのです。人間になっても、かつての自分が体験した性質や特徴が残っています。

自分の中にいろんな命の特徴が統合されて存在しているのです。

この世界観でまわりを見ると、すべてがとても懐かしく愛おしく思えてきます。人が自然の中で一番癒されるのも、すべてに昔の自分が感じられるからではないでしょうか？

自然界に触れたとき、あるいはテレビなどで見たときに、懐かしい昔の自分の特徴を思い出して、共鳴します。その中から特に思い出したい特徴のものを表現した写真や絵や彫刻、ぬいぐるみなどを身近に置いておきたくなるのです。

テレビ番組の、ある女性の社長さんの自宅訪問で、たくさんの豹柄を見ました。台所のタイルまで豹柄だったのにはびっくり！　衣装も豹の毛皮のコートが６着もありました。きっと彼女の過去生は豹だったのだと思います。あるいは豹を創った意識かもしれません。昔の懐かしい自分に熱中してしまうのです。

イルカと泳いでいた人、自分がイルカだった人は、イルカのぬいぐるみをいくつも欲しくなり、そばに置くようになります。サルだった人は、サルのぬいぐるみをいくつも欲しくなり、名前をつけて会話も楽しんだりします。本物のイルカやサルを飼えないので、ぬいぐるみで代用しているのですが、しっかり家族の一員になっています。

決して子どもっぽいのではなく、自分がサルだったことを思い出して楽しんでいるのです。ぬいぐるみはサルだったときの特徴を引き出すスイッチにもなってくれています。

最近、サルのぬいぐるみをたくさん持参したご夫婦がクリニックにみえました。それぞれ名前がついていて、まるで生きているかのように意識が入っていました。奥さんは、スパンコールのついた白いサルのマスコットを見て「これは自分そのものだわ！」と思ったそうです。キラキラのファッションが大好きな彼女にはぴったりです。日常で気持ちが大きく動き、はまるものは、単なる「もの」ではなく、しっかりと自分のある部分を映し出してくれる貴重なスイッチになっているのです。

ぬいぐるみは、単に肌触りがよくて、感情の象徴であるインナーチャイルドを癒す道具の役割があると思っていましたが、この夫婦にとってはかつての自分たちの分身のように大切な存在で、家族そのものになって大きな癒しの効果が出ていました。

アロマのグレープフルーツで統合のヒーリングをしました。息苦しさが取れて、呼吸が楽にできるようになりました。彼女は自分が多重人格になっておかしくなったと悩んでいましたが、今回の人生ではアフリカ時代、フランス時代など、いろんな過去生の時代が解放されるプロセスだったのです。だからいろんな自分があって当然なのです。たくさん集めてきたサルのぬいぐるみもアフリカ時代の素敵な解放に役立っていました。

不可思議な現象の理由がわかると、私達は納得して落ち着きます。自分のいいところを見ようとして、いろんな自分の多面体に触れることで、それをすべて認めて、受け入れて、統合されて落ち着いてくるのです。いろんな自然界のいのちを体験し、いろんな時代を駆け抜けて、今の自分がありま す。

今までの自分のすべてを全部認めて受け止めてみましょう！

右手でこぶしをつくって、「これでいいのだ！」を力強く三回言ってみましょう！

「これでいいのだ！」「これでいいのだ！」「これでいいのだ！」

「すべてのいのちにありがとう！」

「すべての自然にありがとう！」

「懐かしい自分にありがとう！」

傷つきやすい人へ

他人の評価を気にしすぎる人は、
自分が自分をきちんと評価していないのです。
どんな小さな達成でも自分で自分を認めることができたら、
いつも幸せいっぱいの笑顔でまわりの評価を気にしなくなります。
とても穏やかな日々になります。
急がば回れです。
まずは自分が自分をしっかりと認めてあげましょう！
「今までよく頑張ってきたね！」「えらかったね！」と
三回ずつ声に出して言ってみましょう！

子どものころに、親や学校の先生やお稽古事の先生、塾の先生からどんな言葉かけをしてもらったでしょうか？　意外にもその言葉かけの積み重ねが今の自分に大きく影響しています。

実は両親を選んで生まれてきたのは、自分です。親が勝手に子どもを産んだわけではありません。子どもが親を選んできているのです。私も最初に聞いたときは、とても驚きました。自分はきっと例外だと思っていました。でも厳しい教育ママを母に選んだのは自分だと認めると、次第に気持ちが楽になり、感謝の気持ちも出てきました。医師になれたのは母のおかげだと思えるようになりました。これですっきりです！

人生がうまくいかないことを親のせいにすると、一時は楽になりますが、どこか晴れ晴れとしない気持ちのままになります。すべてが自己責任と認めるのは、一時はつらいのですが、その後心地よいさわやかな気持ちになって、主体性を持った自分が登場して、自信も出てきます。他人の評価が気にならなくなって気持ちが楽に生きていけます。

誕生日を決めたのも、自分の魂さんです。人生のシナリオを書いたのも魂さんです。

だから人生の舞台で、名脇役を演じてくれる親、兄弟姉妹、学校の先生、クラスメイト、お稽古事や塾の先生方、すべての人々のせりふは、自分の魂さんが書いたシナリオに書かれています。全部こちらからのリクエストだったのです。ちょっと衝撃的ですが、すべてが自己責任なのです。

自己責任は、全部自己演出だとも言えます。意識を広げると全部自分の一部なのです。

これを認めるのは、かなり大変かもしれません。

でもいったん認めるとどんどん楽になってきます。自分を変えることで世界が変わることの真髄を楽しめるようになってきます。自分を変えると伴侶も変わります。自分を変えると子どもも変わります。自分を変えるのが世界を変える一番の近道なのです。

表現を変えると、まわりのすべては自分の鏡なのです。自分が映し出されているだけなのです。

自分を自分が認めると、まわりの人々も自分を認めてくれるようになります。

自分を自分が認めないと、まわりの人々も自分を認めてくれません。

自分を責めると、まわりの人々も自分を責めます。

自分に優しくなると、まわりの人々も自分に優しくなります。

本当かどうかを、日常で試してみましょう！

自分を変えると、まわりも変わります。

自分の思いで自分の世界を創っているからです！

人は信用できないと思うと、人はちゃんと自分をだましてくれます。

人はみんな優しいと思うと、人は自分に優しくなります。

自分と人は合わせ鏡です！

自分という意識がどんどん広がって、自他の区別がなくなってくると、「差が取れる＝悟る」という穏やかな心境になれるのです。

あなたは傷つきやすいデリケートな人ですか？

自分の言葉が人を傷つけるのではないかと心配する方ですか？

私の大好きな透明なクリスタルのクリアクオーツは、クラックが入って傷つくほど美しい虹ができて、さらにキラキラと輝きます。

私達人間も、傷つくとますます虹の光があふれて、キラキラに輝いてきます。

傷つくことを恐れないで、人や自然と交流しましょう！

自分の本音をしっかり相手に伝えましょう！　ときにはケンカもしましょう！

傷つけることを恐れないで、人や自然と交流しましょう！

せっかく咲いた花は、少し摘んで部屋に飾って、香りや色を楽しみましょう！

嵐や台風や火山噴火が来ても、倒れても飛ばされても、また植えましょう！

鼻歌を歌いながら、ルンルンでもっと素敵にしましょう！

打たれ強く、したたかに、軽やかによみがえって、進化しましょう！

私達人類は、いろんな状況を乗り越えて、何度も文明を創り、消えて、また創ってきました。そこに深い意味があります。

傷ついた分だけ、愛が深まって、愛の表現が上手になります。

傷ついた分だけ、力がついて、さらに丈夫になっていきます。

さらに素敵な文化、さらに美しいもの、さらに進化した世界を創ってきました。

最初に地球にやって来たときを思い出してみましょう！
私達は、地球に遊びに来ています。
そんな自分にブラボー！
たくさんのいのちを創って、たくさんの人々と交流して、
たくさんの体験をしています。
体験の宝を持って、光に帰ります！
たくさんのいのちにありがとう！
自分にもありがとう！
生まれてきてくれてありがとう！
自分大好き！　ギュッ、チュッ！
中から光がキラキラ！
あっというまに光の世界！
大好きな自分、大好きな地球、大好きなこの世界にありがとう!!

第2章

人生の転機に立っている人へ

「この道でいいのかな……」と不安に思っている人へ

誰もが「この道を進んで大丈夫？」とふと不安になることがあります。
それは「人生の転機」が近いというお知らせです。
これからの人生の流れ自体が自然にそれを知らせてくれます。
パタッと流れが止まったら、タイミング調整のときです。
さらにいろいろ工夫をして、動き出すタイミングに備えます！
トントン拍子に流れたら、「この道で大丈夫」ということです！
ノリノリで楽しみましょう！　もし、急にやる気がなくなったら、
「別の道へGO」のタイミングです。潔く切り替えることも大切です！
そのあとにはきっと、トントン拍子の流れが待っています！

今「人生の転機」を迎えている方がとても多いです！　特に２０１１年３月11日以降は、日本中がいろんな意味で大きく揺さぶられ、「このままでいいのかしら？」と人生を問われて、本当にやりたいことに意識が向くようになりました。

あの大惨事で、国民全体がショックを受けて、これからどのように生きていったらいいのか、大きく見直しをはじめたのです。

絆、家族、本当に大切なもの、本当にやりたいことなどに意識が向くようになって、「人生の転機」を自然に引き寄せる人が多くなりました。

きっとあなたもその中の一人でしょう！

だから、ふと気になってこの本を手にされたのだと思います。

あの日、ちょうど大きな揺れがあったとき、自著『人生の転機は幸せのチャンス！』（朝日新聞社）の見本ができあがった瞬間でした。この本には、神戸の大震災のことも書かれていて、まるで３・11に合わせたかのような本の出版でした。

私も３・11の地震以後に「人生の転機」がいろいろ起きました。一番大きな転機は、結婚したことです。震災以降結婚する人が急に増えたそうですが、まさか自分もそうなるとは思ってもみませんでした。でもそうなってみると、とても幸せで本当に最高の気分です。新しい流れを幸せに思っています。スペインで式を挙げることになり、二人の過去生であるスペイン時代の悲恋が成就するという魂の宿題まで解決しました。

それも細やかな演出で、バルセロナ近くのモンセラットという黒マリア像が出てきた大聖堂で、マグダラのマリア様から最初に祝福を受けました。

マリア様の「私が祝福しましょう！　指輪を！」という美しい響きが感じられたのです。急にイタリアのアッシジ時代の過去生を思い出しました。

カタリ派時代の伝道師ペアだった私達二人が、黒マリア像の後ろにある、自然に人払いがされたチャペルのやわらかな朝日の光の中で、指輪をはめる儀式をしました。

そのときに、古い映画『ブラザー・サン　シスター・ムーン』を思い出しました。イタリア・アッシジでの聖フランチェスコの生涯を描いた感動のドラマです。アッシジにもう一度行きたいと二人で強く思ったのも、懐かしい魂の故郷だったからでしょう！

クリニックにもアッシジで修道士だった過去生の患者さんが続々集まってきています。こげ茶色のフードのついた服の修道士さんがイメージに出てきます。不思議と同じようなファッションでクリニックに来院し、アッシジ時代の過去生を解放すると、抑圧的なエネルギーが解放されて、自由な意識に変わっていきます。

きっと尊敬していた聖フランチェスコのエネルギーが復活して、キリスト教の感情を抑圧してきたブロックを解放するお手伝いをしてくれているのだと思います。

さらに聖ヤコブの聖地、サンティアゴ・デ・コンポステーラ（キリスト教三大聖地の一つ）で、サンタ・マリア・ラ・レアル・デル・サル教会の聖ロック（巡礼中流行したペストをアロマで癒し、自分もペストにかかって犬に癒された）の像の前で、再び指輪をはめる儀式をしました。きっと聖ロックさんとの深いご縁があって、彼の像の前でもう一度誓うことになっていたのでしょう！　このときは、ヒーリングセミナーツアーの参加者20名が祝福してくれました。この儀式でスペイン時代の身分差の悲恋が成就しました。その後、サンティアゴ・デ・コンポステーラで黒マリア像と聖フランチェスコ像と聖ロック像を見つけて、枕元に飾って毎日眺めています。

このように、思いがけない展開が過去生からの続きを見事にこなしています。

あなたの人生もちゃんと魂が導いてくれて、すべてが予定通り着実に進んでいます。

だから大丈夫なのです。

「人生の転機」になる節目は、大きな揺れのあとにやってきます。

あなたにも、本当にやりたいことが見えてきて、自然にそちらの方に向かうようになっています。そうなるようにあなたの「偉大なる魂さん」が「人生のシナリオ」にちゃんと書いてきたからです。私達の表面意識は「人生のシナリオ」の内容を一切知りません。混乱しないように、生まれるときにはその記憶が消されるからです。

でも、これからの時代は表面意識も覚醒して、自分の魂が書いたことを簡単に思い出せるようになります。それまでは、自分の守護天使を信じて、直感を受け取って自然の流れを感じながら進みましょう。

誰にも、必ず一人は守護天使がついていて、私達を守ってくれています。あなたの代わりに「人生のシナリオ」を早めに読み、しっかりと次の段取りをしてくれているのです。守護天使は、人生のかけがえのない助っ人のような存在です。

守護天使の存在に気づいて意識を向けるようにすると、だんだんと気楽に、直接コンタクトができるようになり、もっと主体性を持って、二人三脚で力強く人生を生きることができます。孤独感も消えてきます。ためしに自分担当の天使にニックネームをつけてみませんか？

私は、桜の花が大好きなので、自分の守護天使を「さくらちゃん」と呼んでいます。お互いを認識し合ってからのつき合いが長いので、最近は私から名前を呼ぶよりも天使から呼ばれる方が多いのですが、特に桜の花が咲くころにはさくらちゃんを思い出して、「さくら〜?」とフーテンの寅さんのように呼びかけて、天使から笑いを取っています。そういうときは必ず私の大好きな満開の桜が咲いています。最高の演出です。

夢に向かって一直線に頑張っているとき、トントン拍子にものごとが進むときには、そのときこそ「今がベストタイミングだ」と信じてください。自分を担当する天使が忙しそうにどんどん段取りをして、見事な流れを応援してくれているのです。

一方、せっかく努力して頑張っていても、次々と難問にぶつかるときは、タイミング調整のときです。今ではなくベストなタイミングが必ずいつかやってきます。あせらず、充電期間だと思って、あきらめずに時を待つことです。それでもまだやる気が残っていたら、その道はそのまま進んでＯＫなのです。再び流れ出すタイミングを待ちましょう！　さらに研鑽（けんさん）を積みながら準備をしましょう！

もし、「あんなに頑張っていたのに、なぜやる気がなくなったの？」と思うほどやる気がシューンと突然消えてしまったら、それは、進む道を変更するサインです。やる気がよみがえるのを待つよりも、リセットをお勧めします。パッと思いつく直感で別の道を選んでみましょう！

自分の気持ちは貴重なバロメーターになっています。意外にも自分の感情が人生の大事な転機を知らせてくれます。やる気がまったくなくなったら、それは潮時だと思って、潔く撤退し、別の道を見つけることにエネルギーを注ぎましょう！

AからBへ方向転換したとたんに、またトントン拍子にことが進んで、思い切って別の道にしてよかったとしみじみ思うことがあります。別ルートで夢が実現できるようになっていたのです。この流れは勇気と決断力の練習になります。

もう一度本当にやりたかったことを思い返してみて、今の「人生の転機」を大いに生かしましょう！　やったことは必ず何らかの形で報われます。そうなるように「人生のしくみ」がうまくできているのです。人生一切無駄なしです！

私の終（つい）の棲家（すみか）である大好きな木造の館「天の舞」も、実現までのプロセスが大変でした。場所が北風が直接当たる崖の上なので、台風対策に鉄筋コンクリートを勧められましたが、やはり大好きな木造で建てられるように流れを変えていきました。

ものづくりをするときには、ぜひ自分が主体性を持って、まわりに流されずに頑固に自分の思いを貫いていくと、いつかは自分らしさを表現できるようになり、夢が叶います。同様に、病気になったときも、自分のやりたい治療をやってくれる医師や病院を探していると、ちゃんと引き寄せられます。実は、病気も自分の魂さんが予定した体験の一つです。それによって大切な気づきを得るために、ベストタイミングにセットされています。もちろん治療法も自分で選べます。

もし、今あなたが治療法のことで悩んでいたら、どんな治療で治りたいかをもう一度感じてみてください。しっかりと飲んでいた薬も、急に飲み忘れることが続き出したら、自分の身体がもう必要ないと、大脳を通じて教えてくれているのです。自然の流れにまかせてみましょう！

たとえ医師に勧められても、どうしてもやりたくない治療なら、自分が心地よいと感じる治療に変えてみましょう！　また、急に治療法を変えたくなったら、素直に自分の湧き出る感情のままに動いてみましょう！　直感で感じるものが今のあなたにとってベストで、それがいずれとても大きな幸せなことにつながっていきます。

たとえば、２０１２年になってから、アロマのパワーが大天使並みにアップしてきています。植物のパワーやクリスタルのパワーがとっても強くなっているので、自然療法はとってもパワフルです。

病気が突然よくなる奇跡も増えています。時代の素敵な変化に合わせて、病気と早めにおさらばしましょう！「ありがとう、さようなら」です！　特に慢性の病気はトラウマと同じですから、過去のレッテルを貼り続けなくてもいいのです。

「もう大丈夫にする」と決めて、今までのお礼をしっかり言ってからさよならをしましょう！　病名というレッテルをはがして、健康のキラキラ文字を貼りつけましょう！

「私は、健康です！　いつも絶好調です！」

「人生の転機」を見逃さないで、チャンスとして受け取り、最大限に生かして、夢を実現しましょう！

転職を決意した人へ

今の仕事が本当にやりたかったことかをチェックしてみて、
転職を決意した方、おめでとうございます！
とても勇気あるチャレンジをしています。
そして自分の人生を主体的に生きようとする姿勢を見事に取り戻しました。
新たな挑戦を楽しんでください。
きっと新しい仕事で思いがけなく気の合う人、
懐かしい魂の友であるソウルメイトに再会できます。
仕事は自分の能力を開発するだけでなく、
人間関係の体験の場でもあるのです。
自分のいろんな能力を伸ばしながら、
人間関係のドラマも楽しんでください！

いよいよ「人生の転機」を生かして転職を決意されましたね！

これからがあなたの人生のハイライトかもしれません。ワクワクする展開を楽しむことができます。

本当は変化したいのに、「これ以上状態が悪くなったらどうしよう……」と先のことをマイナスに心配して、なかなか決断ができずに先延ばしにしていることがあります。そのとき大きな揺れが来て、背中を押してくれるのです。ポンと押し出されれば、もうやるしかないのです。まさに今がそのときなのです。先のことを深く考えないで、勢いで前に進みましょう！

私も定年後には自分独自のクリニックを開業しようとぼんやり思っていたのに、阪神大震災の大きな揺れがあったときにびっくりして「夢は早く実現しなければ」と思い立ち、一か月後にはもうクリニックを開業してしまいました。まさにお尻に火がついたのです。大きな揺れで夢実現が早くなったのです。私の「人生のシナリオ」にはちゃんと予定通りに書かれていたのだと思います。

大きな揺れだけでなく、人との出会いで衝撃を受けて、本来自分がやりたかった仕事に転職することがあります。ソウルメイトとの再会です。

何となく高校や大学を出て、何となく就職して……というオートメーションのような流れで意識しないで生きてきた人は、しっかりと意識して夢を叶えている人に出会ったとき、目が覚めるような衝撃を受けます。

「ガーン！　夢を本当に叶えている人がいる～。それも自分と同じ夢。すごい！」

自分と同じ夢を叶えて輝いている人に出会えるのは、ウルトララッキーなことです。

お手本を見せられて、一気に目が覚めたら、あとはトントン拍子です。しっかりとお手本にインタビューをして、どうやって夢実現をしたのかの秘訣を聞き出します。そして、まねできることから即実行です。自分がすでにやってきたことも必ずあります。それまで体験してきたことのすべてが生かされて、遅れを取り戻すかのようにうまく流れ出します。これが自分のやりたかった仕事だと確信を持ちながら前に進めるでしょう。

私も、直接はお会いできませんでしたが、岡本太郎さんと宇野千代さんは、人生の師、メンター、強烈な個性を持ったソウルメイトだと本や作品を通して思い、心から尊敬しています。

岡本太郎さんの「爆発思想」や「無謀な選択を選ぶこと」に強く惹かれました。平均的な普通の生き方を選ばず、太郎さんのように無謀にチャレンジしてみることで、素晴らしい「人生の転機」を体験できました。

たとえば私は、離婚後、一人で、クリニックごと東京から沖縄へ移住しました。とても無謀なチャレンジでしたが、沖縄へ移ってからたくさんの夢実現が可能になったので、やはり太郎さんの人生哲学を実践してよかったと思っています。

宇野千代さんの「自分を認め、ほめる生き方」「本音の生き方」もまねしてきました。自画自賛し始めてから、自分の中からびっくりするほど光があふれ出てきて、創造性が開き、本をどんどん書いてきました！

目を覚ますきっかけは、大きな社会的な揺れだったり、自分の夢と同じ方向をすでに歩んでいる人との出会いだったり、ヒントのある本に出会ったりといろいろです。それらはすべて自分担当の天使さんが必死でメッセージを送ってくれているのです。直感で魂さんからの直通メッセージを受け取りましょう！

今からでも十分に間に合います。きっと今がベストタイミングです。

直感はさりげなく心の中に響いてきて、何かがリンとかズンとか響く感じがします。それを大切にしてそのまま動いてみると、結果的にはとてもいい流れになっていきます。

「あのときに、さりげなくズンと心に響いてきた思いが『直感』だ」と納得ができて、どんどん直感を受け取るのが上手になってきます。

直感が冴えてくると、いろんなことが流れるようにうまくいくようになります。自分の奥の光、魂さんとツーカーの仲になるからです。自分の守護天使ともつき合い始め、孤独感が一気に消えます。守護天使があたたかい波動で包んでくれるからです。

前に進むときだけでなく、やめておいたほうがいいときにも直感が教えてくれます。いわゆる胸騒ぎです。つらい体験の前に感じるセンサーともいえるでしょう。ハートのところが落ち着かないときは、流れが変わるというサインなのです。

つらい仕事を辞めたくても辞められないときは、それはきっと魂の宿題です。いつか必ず「もう十分やった」というゴールが来て、流れが急に変わり、思いがけない仕事が来ます。魂の宿題が終わって、やっと次のステージに変わったのです。おめでとう！　その後は余裕をもって楽しく仕事ができるようになるでしょう。

最近、患者さんから嬉しい報告の手紙が来ました。彼女を診療したときに、「今のご主人の仕事は魂の宿題だと思います。しっかりと終えたら、別の仕事が見つかるから大丈夫よ！」と伝えていたのですが、それを信じてきたら本当にそうなったという内容でした。

ご主人がずっとどうしても辞められないアルバイトをしていたのですが、急に友人からの紹介で正社員になれて、大喜びの流れに変わりました。きっとご主人の魂の宿題が終わって、次のステップに移ったのでしょう！　子どもが生まれてくるので、経済的な安定が得られることをとても喜んでいました。ちゃんとベストタイミングに夢が叶うしくみになっていて、感動的でした。

同じ仕事をしていても、会社の中で部署が変わって気分がまったく変わることがあります。転職するよりもリスクが少なく、安全な中でいろんな変化やチャレンジができます。

会社の人間関係には、いろんな時代の登場人物が再会するようにセットされていま す。江戸時代の役人が今の上司だったり、長屋の大家さんが優しい同僚だったりしま す。自分がどこかの時代にお世話になっていれば、自然に何かしてあげたくなります。 そんな自然な気持ちは、そのままできるだけ行動に起こしましょう！　行動すること で、さらに変化の流れが早くなります。思ったら即行動です！　やってみないとわか らないのが人生です。いろんな思いがどのように変化していくかを日常生活の中で体 験してみましょう！

ある証券会社でバリバリと仕事をしていた女性が急に体調を悪くして、思いがけず 乳がんがみつかって入院し、手術を受けました。退院してからもしばらくは自宅療養 していたら、お見舞いに来てくれた久しぶりに会った友人が、私の本をプレゼントし てくれたそうです。ゆっくり読んでいるうちに、次のステップへの道がひらめきまし た。「今の仕事を辞めてヒーラーになりたい」と真剣に思ったそうです。それから術 後のケアも兼ねていろんなヒーリングを受けながら、自分に合った癒しの方法を見つ けて、今では本当にヒーラーになって活躍しています。

びっくりの「人生の転機」です。突然の病気によって、さらに充実した仕事への転換ができたケースです。そのときはマイナスに思えることも、その後の変化で思いがけない展開になり、もっと生きがいを持てる人生に変わっていくのです。まさに、「すべてはうまくいっている！」です。

仕事は人生の中で自分を成長させ、自己表現ができる大切な場です。単に生計を立てる手段ではなく、生きがいを感じられる素敵なことの一つです。だから仕事はできるだけ好きなことを選ぶ方が、自分を楽しく短時間に進化させることができます。修行好きな人は、仕事でも困難で大変な内容を好みますが、だんだん飽きてくるとそれを卒業して、好きで楽しくできるものに変えようとします。それが仕事における「人生の転機」です。

ずっと続けてきた仕事を急に辞めたくなったら、自分の直感に従ってＧＯ！　です。きっとそのときがベストタイミングです。まわりの反対を押し切っても格好よく辞めて、次のステップに行きましょう！　必ず、もっと楽しめる仕事が待っています。自分と、応援してくれている守護天使を信じて、人生の応援団である家族や友人に話をし、次の仕事への手がかりにしましょう！

その流れでやってくる仕事はＯＫです。ピンと来たら新しく縁のあった仕事をやってみましょう！　新しい才能の引き出しが開くときは、今の仕事から離れるサインがあります。それをちゃんとキャッチして前に進みましょう！

今がそのときです。

トキ来たり、トキ来たり、ベストタイミング！

子どもができた！という人へ

お子さんができたそうですね！　本当におめでとうございます。
天使のような子がやってきました。あなたを親に選んでくれた子どもです。
あなたのすべてが自分にぴったりと思った魂が降りてきたのです。
きっとあなたの人生に楽しいたくさんの体験をもたらしてくれるでしょう。
たとえ今の生活が苦しくても、
子どもが豊かさと楽しさをちゃんともたらしてくれます。
子どもは、親のために、社会のために、
何か役に立ちたいと思って生まれてくるのです。
どんな子どももしっかりと受け入れて愛を注ぎましょう！
とても濃くて楽しい人生の始まりです！

あなたの人生に子育ての体験が増えることは、とてもラッキーなことです。楽しくてワクワクの人生が必ずやってきます。

子どもは、自分で親を選んで生まれてきます。「人生のシナリオ」にぴったりの親を選び、両親が結婚するように愛のキューピット役をやって、二人をくっつけてくれました。子どもは自分の誕生日も決めてくるので、それに合わせて二人がラブラブドッキングするように導いています。

母体が不安や恐怖でいっぱいのとき、子どもはそこへ入るのが窮屈なので、一度流産という浄化をしてから入り直します。だから「水子霊」というのは素敵な勘違いです。素晴らしい光で素敵な浄化が起きた後、胎児は安心してゆったりもう一度入ります。

クリニックに不妊症で悩むカップルがいらしたとき、そばに感じた子どもになる予定の魂さんからのメッセージにびっくりしました。

「排卵日を気にしすぎないで。卵はいつでも出てくるからもっと自然体に、と伝えてね！」という内容でした。「排卵日」という発想は医師をやってきた人間の思い込みのようです。詳しくは、「読むと妊娠する本」というあだ名がついている産婦人科医・池川明先生との共著『魂の処方箋』(牧野出版)をお読みください。

子どもが親を選んで生まれてくるということは、親の体験も含めて選んでいるのですから、あなたがたがどんな状況になっても、子どもの魂はそれを受け入れることを望んでいるのです。安心してやりたい方向性の決意をしてみてください。その波に乗れば、必ず子どもたちもいろんな体験をして成長できるので、決してマイナスではなく大いにプラスです。むしろチャレンジ・冒険です!

たとえば、転勤族の親を選んで生まれて来た子どもは、転校というチャレンジをしています。友達づくりのための自己アピールを何度も体験できます。自己表現が得意な子になります。

親が離婚したとすると、子どもたちは早めに結婚の意味を考えるようになります。親子の絆について感じたり、考えたり、人生哲学を実地で学習していることになります。寂しさ、悲しみ、孤独感などの感情を体験できて、同じ体験をした人の気持ちが理解できるようになるので、愛が深まって自分が結婚し、親になったときにはさらにいい子育てができるようになります。

私の場合は、持って生まれた病気のために子どもは産めませんでしたが、その代わり、二回目の結婚で二人の娘の母になり、嬉しくて貴重な子育ての体験が十四年間もできました。子育ての夢が叶い、明るい継母を楽しみながらすることができました。娘たちは、愛を込めて作った手料理をおいしいと喜んで食べてくれました。残念ながら、離婚によってそれは期間限定になりましたが、二人の娘たちとの濃い縁によって得たかけがえのない体験は、私の大切な思い出になっています。いつか生きている間に彼女たちと再会したいと、次の夢を思い描いています。

もし万が一、障害を持った子どもが生まれてきても、どうぞ受け入れてあげてください。子どもにとっては、愛を受け取る体験ができます。親にとっては、愛を与える体験ができます。そして人生を深く考えることになって、精神性が高くなる体験ができます。魂としては、とても尊いチャレンジの人生です。そんなあなたを深く尊敬します。あなたは素晴らしいチャレンジャーです！　ブラボー！　ハグ、ハグ！（あなたの服を脱がせているのではなく、ぎゅっと抱きしめています）。

社会に大きく貢献する計画がある子どもが、もしあなたを親に選んだとしたら、ちょっと特別な親の役を子どもの魂さんからお願いされるかもしれません。人生のハードルが精神性が高まるまで高い位置に設定されているからです。育てるにはかなり手がかかるかもしれません。子育て中はちょっとうんざりするかもしれませんが、そのかわり、あとからその子どもが素晴らしく成長して、たくさんの人々を助けたり、いい影響を与えたりするようになったら、きっと自慢の子どもになります。楽しみにしていてください。あなたが注いだたくさんの愛が実を結ぶのです。

人生は舞台のように、ドラマのように、自分でシナリオを書いて、キャスティングも決めて、自分が主人公になっていろんな体験を味わっています。

ちょうどこの原稿を書いているときに、うっかり面白い韓国ドラマにはまりました。『美男(イケメン)ですね』というドラマです。

二卵性双生児の妹が、兄になりかわってイケメンアイドルグループに入るのですが、その中のクールなイケメンに恋をして、ややこしくなる面白いドラマです。

単なる恋愛ドラマではなく、親に捨てられた子どもの傷ついた心(トラウマ)が大人になっても響いている、内容の濃いものです。妹が母親を探しまわるうちに、イケメンの彼の母親との絡みが出てきて、ワクワクどきどきびっくりの展開がありました。私も魂の通訳としてクリニックで患者さんの人生の謎解きをお手伝いしているので、このドラマにはとても惹かれてしまいました。親と子どものそれぞれの気持ちを理解するのに、いろんなドラマやお芝居を見ることで、どのように自分の気持ちを表現すればいいのかの参考になります。また、次の人生のシナリオを書くときの参考にもなります。特に親子関係は人間関係の基本として大切なので、ドラマや映画や本の中で学ぶものが多いのです。そして、それらのドラマを見るときは、必ずベストタイミングに見ることになりますので、人間関係でうまくいかないときにはぜひ参考にしてみましょう！　見たくなるものが今の自分にぴったりです。

あなたの子どもは、あなたを親に選んで生まれてきました！　子育てをするうちに、あなたの子どもが「あなただからいい」と選んでくれた意味がわかってきます。

同じ自分の子どもでも、好きなタイプとあまり好きになれないタイプがあります。同じ親から生まれてきたのに、個性の違いにびっくりします。それぞれ生まれてくる前の人生の内容が違うので、当然性格も違ってくるのです。

個性の違いを面白いととらえてみると、急に子育てが楽になってきます。

せっかく生まれてきた子どもを思ったように愛せないとき、親は自分が悪いのだと思い込んで、不必要に自分を責めますが、愛せないことにも意味があるのです。今回の人生の前のどこかでソウルメイトとして過ごした、つらくて悲しい思い出が残っているのだと思います。

クリニックにいらした女性で、実母が苦手でお姑さんが大好きという、世間とは逆の思いを持って悩んでいる方のヒーリングをしたことがあります。過去生での母親が現在のお姑さんで、現在のお姑さんが過去生で実母だという逆転の関係性であるということを、魂さんからのメッセージとして受け取りました。それを彼女に伝えると、なるほどと彼女も大納得でした。

そのヒントのおかげで、同じキャスティングなのに、人生が楽になったと嬉しい報告がありました。セッションのその日から、お嫁さんと義母ではなく、今生でも晴れて「実の母娘の関係」が始まったのです。ブラボーです！

魂の宿題が終わったら、霞か雲のようなもやもやしたものが突然のように消えて、すっきりとまわりが見渡せるようになります。そして過去の延長でなく、今に生きられるようになって、純粋に今の関係性が強くなり、楽しくなってくるのです。そして、引きずっていた過去の関係性が解放されて、今の関係性を楽しめるようになります。それもベストタイミングでそのときがやってきます。

親子の不思議な縁については、自著『親子を癒す子育てのヒント』(主婦の友社)に詳しく書いていますので、参考にしてくださいね！

クリニックにいらしたカップルで、子どもが欲しいのにセックスレスの悩みを抱えていらっしゃるケースがありました。過去生で奥さんが娘、夫が父親のときがあったせいでセックスしにくかったという魂からのメッセージがありました。それをお伝えすると二人とも納得して、すっきりと解放されました。きっと宇宙に飛ぶようなとろけるセックスを体験できるようになったと思います。

どんな子どもが生まれてくるのかとても楽しみです。

今の時代に合わせて、不思議な楽しい子どもたちが続々と生まれてきています。放射能に強くて、見事にエネルギー変換ができる能力も備わっていますので安心して子どもを産んでください。そして、言葉を話せるようになったら、ぜひ子どもにいろんな質問をしてみてください。どこから来たのか、どうして自分を親に選んだのか、インタビューを楽しんでくださいね！

さらに親子の縁の不思議を感じて、もっと愛おしくなってくると思います。

生まれてきてくれてありがとう！

産んでくれてありがとう！

素敵な親子の縁にありがとう！

生まれてきて、生きていて、本当によかったです！

セカンドステージを迎えた人へ

定年を迎えられて、おめでとうございます！
無事勤めを終えて、達成感と安堵感でほっとしておられるでしょう！
本当に長い間、お仕事を頑張ってくださってありがとうございます。
家族になりかわって感謝申し上げます。
さて、セカンドステージへのアイデアは浮かんでいますか？
そのまま日本にいますか？　ハワイやスペインへの移住計画がありますか？
やりたかったことを、好きなように第二の人生を楽しんでください！
自然に触れて、自然界のパワーを感じながら、自然と遊びましょう！

定年のある方とない方がいると思います。定年を迎えられた方の中には、まだ十分に自分の才能を発揮して、さらに再就職したり、関連会社を見つけたりなどして継続して仕事を続けられる方もおられるでしょう。反対に、やっと自由に休めるからと、悠々自適の人生を夢見た方は、自宅でゆっくりして、何もしない毎日を堪能されるかもしれません。

年金が入る方は、それもOKだと思います。

これから、社会は音をたてるように大変化していきます。

定年というシステムもなくなるかもしれません。自由にもっと自分の才能を発揮して大きく羽ばたいていくようになります。

若い方、将来の年金のことを心配しなくても大丈夫です。世の中がとても大きく変わっていきます。社会構造自体が変わるかもしれません。今までの一握りのお金持ちが膨大な富を独占して、多くの人々が働いても働いても楽にならない社会、若い人に仕事がない社会自体が大きく変わります。

今、ちょうど変わり目の時代に私達は生きています。だからとても面白いのです。

私達の魂さんは、面白い体験をしたくて、この時代に大人でいるように「人生のシナリオ」をセットしてきたのです。

しかも私達は日本に生まれてきているので、ますますこれから大きく発展していく日本を身近に見ることができます。

２０３０年ころが平和な世界になる黄金時代を迎えているハイライトのときだそうです。それまで、自分を大切にして、直感に従って、人生を楽しみましょう！　あと二十年くらいですから、まだあなたはきっと地上に生きていると思います。

これから遅れていた科学がやっと開発されて、エネルギー革命が起きます。それによって、新しい産業が起き、雇用は一気に増えて、人々は豊かになります。ゆっくりの仕事とゆったりの余暇がある理想的な生活になっていくのです。そのために、いよいよ無尽蔵の宇宙エネルギーを使う時代に移行していきます。これをフリーエネルギーといいます。日本では、井出治さんという方が「デゴイチ」というモーターをすでに開発しています。あとは商品化されるのを待つばかりです。フリーエネルギーの実用化は日本から起きます！　それによって、さらに大きな産業革命が起き、日本からアジア、そして世界へと新たな楽しい文明が始まるのです。

地球の文明のリズムからいうと、これから東経１３５度を中心に文化が栄えるそうです。明石を中心に神戸、大阪、京都、奈良などが文化の発展を迎えるのです。セカンドステージのアイデアの中にこのヒントを取り入れてください。今の場所が終の棲家だと思う方は、今の場所を快適に楽しんでください。私も沖縄に終の棲家を造ったので、沖縄でこれからの人生を楽しみます。開業医には定年がないので、自分で決めていくしかありません。身体が続く限り、現役でいたいと思います。

私のお手本の宇野千代さんも98歳までおしゃれをしてずっと現役でお仕事をしていました。私も本を書き続けていきたいと思っています。

古代インドの教えでは、三大芸術が歌、踊り、演奏だそうです。これからのこの先の人生も、歌って、踊って、絵を描いて、本を書いて、太鼓をたたいて、ピアノや三線(さんしん)を弾いて元気に庭や畑仕事もしていきたいです。

これからは農業がトレンディです。庭作りや畑仕事がおしゃれです。土に触れることで地球の中のユートピアの世界、シャンバラのパワーをもらえます。畑仕事をする人が年を取ってもやめられないのは、土からパワーをもらえて気持ちがいいからです。自分が食べる分の野菜を作るのが楽しくなってきます。庭が花でいっぱいになって、ルンルンの生活になります。蝶がたくさん来て舞います。鳥もたくさん集まってきて歌います。ついでに龍も集まってきて、お天気にしてくれます。夜のうちに雨が降って草木も花も満足です。

セカンドステージは、ぜひ自然との触れ合いを楽しみましょう！

上空に龍をペットのように、飼いましょう！「龍、龍！　お天気をよろしくね！」と呼びかけると喜んで、ちょうどいいお天気を準備してくれます。

生涯現役で人生の寿命が来るまで、地球が平和なユートピアになるまで、人生を楽しみましょう！

あなたのセカンドステージはルンルンです！　ユートピアです！　創造の爆発です！

想定しなかったことに出会った人へ

思いがけないことに遭遇して、
どうしていいかわからなくなってしまった人へのメッセージです。
どんなびっくりの体験も、たまたま遭遇してしまったのではなく、
自分の魂さんが決めてきた「人生のシナリオ」にバッチリ書いてあります。
予定通りなのです。だから安心して受け止めましょう！
病気も天災も乗り越えて、天然でよみがえりましょう！
奇跡を起こして面白いエピソードをつくりましょう！
病気は気づきのチャンスです。天災はエクスタシーチェンジの幕開けです！
どちらも、ようこそ、さようなら、そしてありがとう！

思いがけずに病気になったり、天災に見舞われたりすることがあります。もちろん私達の表面意識は、生まれる前に「人生のシナリオ」を書いたことを忘れています。だからそのようなことに遭遇したとき、降って湧いた青天の霹靂（へきれき）のようにびっくりします。呆然とします。でもちゃんと受け入れて、淡々と乗り越えていけるパワーをちゃっかり持っています。だから大丈夫なのです。

どうしてこんな目に遭わなくてはならないの？　どうしてこの私が病気になるの？　なぜ地震に遭うの？　どうして津波にのみ込まれるの？　と、「どうして、なぜ？」ともがいている間は、乗り越えられずにいます。

ところが、「これが運命だ、乗り越えられる！」と腹をくくると、びっくりパワーが自分の中からあふれ出て、自分でも信じられないほど元気になり、前向きに動き出すのです。「ヨッシャー負けない、できるだけやってみる！」と決めたとたんに、びっくりパワーがいろんな人やものを引き寄せるようになります。

同じように腹をくくった人たちが集まって、プロジェクトができます。グループパワーは一人のパワーよりも断然大きいので、さらに大きなパワーを引き寄せます。必要な場所、人、資金が自然に集まってくるのです。

どんな悲惨なことに遭遇しても、必ず乗り越えるパワーが出てきますから、それを信じて太鼓腹をどんとたたき、腹をくくって決心しましょう！

びっくりの感動の展開が用意されていて、その後、大きな喜びの結末が待っています。マイナスの度合いが大きいほど、それを乗り越えたときの喜びが大きいのです。

私も難病のハードルを乗り越えて医師になり、薬を使わない治療を追求して今に至ったことをとても喜んでいます。「ステロイドホルモンを一生飲み続けないと死ぬ」と主治医に言われましたが、飲まなくなっても、三十年間とても元気でぴんぴんしています。

母が涙声で「こんな身体に産んでごめんなさい」と抱きしめてくれたときの悲しみが、今では最高に幸せな生きがいのある人生になっています。亡くなる前、沖縄に来てくれた母に「産んでくれてありがとう！　医者にしてくれてありがとう！」と笑顔で言って抱きしめることができました。

背が低くてもかえって笑い療法に活用でき、子どもが産めなくても、母を亡くした家庭に入って子育てを体験でき、南の島・沖縄で大好きな木造の終の棲家「天の舞」を建てました。しかも沖縄で深く理解してくれる主人と出会い、お互いにかけがえのない相手として大切にしながら、人生を楽しんでいます。

庭仕事でパンパンに張った主人の身体をマッサージしながら、ふと聞いてみました。

「啓子のこと、好き？」

「好きというより、生きていくのに必要なんだよ！」と答えてくれました。

生きていてよかったとしみじみ思いました。全身を丁寧にマッサージしながらハンドヒーリングもしました。ヒーリングを追求してきて本当によかったと思いました。少しでも主人の役に立ったからです。

朝六時から夕方の六時まで、主人がプロの庭師のように愛を注いでいる「天の舞」の庭は、花でいっぱいです。緑がいっぱいです。楽しいアイデアがいっぱいです。

岡本太郎さんの生き方をまねて、無謀な人生を選んできて本当によかったと思っています。台風が直撃するところに木造の建物を造るのも無謀でした。でも最高に美しく楽しい建物ができました。大満足です。難しい道にチャレンジする喜びも体験しました。

人生は爆発だと思います。創造の爆発だと思います。

これから地球人類として、地球を平和にする大きなプロジェクトに向かいます。みんなで持ち場をユートピアにし、花いっぱい笑顔いっぱいの場にできれば簡単なのです。

今できる愛の表現をしましょう！

大きなハードルを乗り越えて、私達は、さらに輝いていきます。もっと愛が深くなっていきます。もっと自分を大切に、家族を大切に、まわりの人々を大切に、そして地球を大切にするようになります。

私達は光なのですから。

みんなで輝いて、キラキラ！

第3章

運命を変えたい人へ

人生を変えたいと思っている人へ

今のあなたの人生を変えることができるのは、ずばりあなた自身です。
まずは、「人生を変える！」と強く思い、決心することです。
これで自動的に人生を変えることができます。
なぜなら、人生は、自分の思いがつくっているからです。
いつでも「変えたい」と思ったときから、私達の進化は始まります。
私達は、「進化し続ける」という特徴を持っています。
自分の本質が「七色の光」だとわかると、
自分の思いで人生を創造していくことが楽しくなります。
これからどんな色の人生になるかと考えると、
ワクワクどきどきしませんか？　そう、人生は創造できるのです！

人を変えるのはとても難しいのですが、自分を変えることの方が簡単です。まず「自分の人生を自分で変えたい」と思うことが肝心です。なぜなら、自分の思いが自分の人生や自分が感じる世界を創っているからです。

「自分で人生を決めていい」となると、急に自由になった気分がしてきます。

つい流されてしまって、何も考えないで毎日を生きてしまうと、「自分の人生って、こんなものだわ……」とあきらめて、ため息をつくだけで終わってしまいます。それではもったいないです。自分にも人生を創造できる力があるのに、使わないなんてウルトラ損です。

そんなとき、面白い発想の人、楽しい人生観の人が急にあなたの前に現われて、「こんな面白い楽しい生き方があるの～？」とびっくりするかもしれません。そして、その人の世界観に引き込まれて交流してみると、「自分もこの人のように生きたい」と思い始めます。まわりを気にしないで、自分の思う通りに生きている人がいることが不思議で、まるで別世界の人、別の星の人を見るかのような新鮮な感じを受けることがあります。今まで人の言うとおりに生きることが当たり前になっていたので、自分で人生を変えることは、受身から自分主体性へと大きく変えるチャンスなのです。

まずは一番気になっているところからスタートです。

ずっと頑固に思い込んできたものがありませんか?

「私は、○○だ!」と口癖のように言い続けてきたものです。

実は、それはあなたの思い込みです。その思い込みをはずして望むものに置き換えてみると、こんなに簡単に変えられるならもっと早くからそう思えばよかったと思うくらいあっけなく変わります。

「私は肩こりがいつもひどい」と思い込んでいる人に、「それは不必要な責任を背負っているからですよ! おろしてみてください。誰も頼んでいませんよ!」と言うと「誰も頼んでいませんよ!」のところで大笑いになります。笑ったとたんに背中に背負っていたものがするりと滑り落ちて、あっという間に肩も首もやわらかくなってしまいます。背中に背負っているものは人によって違いますが、自分が働いている会社だったり、実家だったり、住んでいる地域だったり、地球を背負っていた人もいました。

今の自分の状況は、すべて自分の「思い」でつくられています。ですから、「思い」を変えると一瞬でよくなります。

ヒーリングセミナーのヒーリングの実習で、ご自分の長年の首のしこりについて「これは子どものときからあるものなので、そう簡単には消えないと思います」と言っていた女性が、あっという間に解放されたことがありました。

怒りの解放をしてくれる「この野郎の『ヤロウ』」という覚えやすい名前のアロマを嗅いでもらって、相手をはさむように「シュッシュッポッポ」と両手を動かしながら軽くハンドヒーリングをしたら、首がほどけてやわらかくなり、しこりが消えてしまいました。

スピリチュアル的な視点で解説すると、ヤロウの花の妖精が優しく抱きしめてくれて、怒りのエネルギーが解放され、さらに手から愛のエネルギーが流れて、固まっていたしこりのエネルギーが流れはじめたのです。

軽くヒーリングした人も、首のしこりが消えてしまった人もびっくりしていました。「えっ、うそみたい、ずっと子どものときからあったしこりが消えている！　明日になったらまた戻っちゃったりしますか？」

「せっかく消えたしこりをまた引き寄せないでね！『明日また戻ってくる』と決めると、また継続されるわよ！　そのしこりは、そうやって自分の思いでつくり続けてきたものなの！」と言うと、

「もういらないです。消えたままでいいです！」

と彼女が言って大笑いになりました。

もう一人、ハートの裏側の背中が冷たく固くなっている女性がいました。自然にそこに手が吸い寄せられるように手を当てると、どんどん手が熱くなって、本人にもその熱さが感じられるほどになりました。

実は、ハートからは愛のピンク光線があふれ出ています。そのちょうど裏側の背中は、愛のエネルギーを一番受け取る場所で、医学的には胃を司る迷走神経という自律神経が分かれる胃のツボに当たります。そしてそこは「私は誰にも愛されない」という孤独感がたまる場所でもあるのです。

私達はその場所に孤独感がたまると、代償行為として「バカ食い」をしてしまいま

す。食べることで愛の欠乏感が少し満たされる気がするのです。

その女性に「過食をしたことがありますか？」と聞いてみたら、「ときどき過食をしてしまいます」と見透かされたようにびっくりしていました。

手の熱さがおさまってきたあと、「今までよく頑張ってきたわね！」と抱きしめ、ハグしながら愛の言葉かけをしたら、さらに愛に満たされたやわらかい表情になりました。

私達は、いつでも自分の「思い込み」を変えて、自分を変えることができます。

まるで波動温泉に入ったかのように素敵なピンク色の笑顔になったのです。

ハートからあふれ出ている愛のエネルギーが、魔法のように私達の思い込みを溶かし、ずっと抱えてきた感情やしこりを見事に溶かしてしまいます。

愛はすべてを溶かすのです。万能パワーです！


ファッションから自分を変えることもできます。

私は「ファッション命！」で生きています。ファッションが大好きです。講演会でも何を着るかがとても大切で、一生懸命です。最近のマイブームは、マリーアントワネットです。赤と金のドレスは普段着にしたいほど気に入っていて、それを着るとパワーが出ます。大好きなファッションは、身につけると確実に素晴らしい光を引き出してくれます。

なぜなら、ファッションは単なる飾りではなく、大事な自己表現だからです。しかも自分の本質である七色の光に直接働きかけます。着ている服の色と同じ色の光を自分の中から引き出しているのです。ですから、綺麗な色の洋服を着ると、同じだけ綺麗な色の光を自分から出すことができて、とても幸せないい気持ちになります。

着ている洋服の色は、同じ輝きの色の光を、自分の内面から引き出してくれるのです。ファッションは、同じ色の光を自分の中から引き出す大切な刺激になっているのです。身につけるアクセサリーも同じです。クリスタルのブレスレットやネックレス、ペンダントなども色合いが大事です。

引き出したい色の服を着ることで、今日の自分の色が決まります。

「結婚したいけれど相手が見つからないんです」と質問してきた女性を見たら、彼女の着ていた服が、黒と白とグレイのとても地味な服でした。これでは男性に「近づいてこないで」と自己表現していることになります。

黒と白とグレイは、尼さんファッションです。そんな色の洋服を着た人は、たとえお坊さんでも誘いません。男性の立場から見て、デートに誘いたいか？　が肝心なのです。

婚活中の人には、花柄のワンピースを着るように勧めています。自然にやわらかい優しい女性性が引き出されて、とても魅力的になるからです。自然にキラキラの光があふれ出て、とても素敵な自分が表現されてきます。尼さんファッションだった女性も、次に会ったときにはレース模様の女性的な洋服を着ていて、かもし出す波動もやわらかくなり、とても素敵でした。

ファッションはとても大切だとしみじみ思ったできごとです。

クリニックには婚活の悩みを持つ人が多く来ますが、最近も、とても美しい女性なのに、黒とグレイと白のファッションで、せっかくの魅力が半減している女性が来ました。

「これでは地味すぎて、男性はデートに誘えないわ！」

「これでも白を着るのには勇気がいったのです。まだまだですか?」
「口では『結婚したい!』と叫んでいても、着ている洋服が尼さんファッションでは男性を拒絶していますよ! 結婚したいなら白や淡いピンク色の洋服がお勧めです!」と説明したら、「そうですよね! 矛盾していますね!」と笑って納得されていました。

あなたも人生を変えるには、まず自己表現としてファッションを変えてみたらどうでしょうか?

思いがけない自分発見ができて、楽しくなってきますよ!

私は今、ピンクハウスの花柄ファッションとレースファッションにはまっています。それらを組み合わせて毎日楽しんでいます。

子どものころからピンク色の洋服を着たかったので、大人になった今それが実現して、とても嬉しく幸せです。人は、自分が喜ぶことをすると、自然に輝きが増してきて、自分らしさが表現できるようになります。

さらにまわりの人が喜ぶことがわかりはじめます。自分に愛を注ぎ、自分をきちんと認めてあげると、まわりの人からも認めてもらえるようになります。そして、不思議とまわりの人にも愛を注ぎやすくなり、認めやすくなり、声をかけて、相手を喜ばせる言葉を自然に発せられるようになって発展していくのです。

人生はこうやって変えられるのです！

あきらめずにまずはやってみること、探してみること、行動してみることです。

「先月仕事を辞めてしまって、これからどうしようかと思っているところです。人生の転機にセッションの予約が取れて、大好きな沖縄に来られました！」

という40代後半の独身女性に、ウルトラＣコースとして沖縄への移住も考えられると話してみました。

「えーっ、沖縄に移住ですか？」

「そうよ、よくダイビングに来ているのでしょう？　ここは日本語が通じるハワイよ！　ご両親も喜んでついてくるかもよ～」

と、とても素敵に無責任な提案をしてみたら、びっくりしながらも彼女の目が輝いてきて、肌のつやもよくなり、どんどん女性的になってきました。

思いがけない提案も人生を変える力があるのかもしれません。ヒーリングされた過去生がスペインの修道士と中国のお坊さんでした。過去生の二人の男性が光に帰ったので、彼女はようやく日本の女性の意識で生きていくことができるのです。「今日から女ですよ！」と言ってあげると、大笑いしながらはじけて、目もキラキラ、肌もぴちぴち、頬もピンクになって、温泉に入ったあとのようにリラックスして本来の自然体になっていました。

人生は変えることができます。自分の思い、意識を変えることができれば、一番早く変えられるのです。

あなたもすぐに、できるものから変えてみましょう！

エクスタシーチェンジです！

苦手なものを克服したいと思っている人へ

まずはどんなこともチャレンジしやすくなるために、
「私は天才です！」というフレーズを自分の世界観に入れてみましょう！
両手を広げながら、大きな声で三回以上言ってみましょう！
どんなことも過去生で体験したことがあるはずです。
才能とは過去生の体験を意味しています。
あなたは掃除の天才です！　料理の天才です！
友人からの紹介や、興味のある趣味をまずはやってみましょう！
三日坊主もＯＫ！　一日坊主でもＯＫです！
とりあえずやってみて、ピンときたら自分に合っているかもしれません。
ピンときたら、チャレンジです！

あなたが今チャレンジしてみたいことは何ですか？

きっと今がチャレンジのベストタイミングだと思います。思い切って、考えすぎないでとにかくやってみましょう！

自分でも思いがけない才能が眠っているかもしれません。才能とは、過去に研鑽を積んだものです。過去生でしっかり学んだ内容です。筋がいいとほめられたら、間違いなくどこかの時代にかなり体験していたことです。「あなたには才能がない」と言われたら、間違いなく過去に体験したことがなく、今回が初めてのチャレンジです。でも、それをそのままめげずに続けると才能になってきます。

表面意識は自分のすべてを知っているわけではありません。むしろほとんど知らないといっていいかもしれません。だから、何でも気が進むものはチャレンジして行動を起こしてみましょう！

少しでもワクワクしてきたらそのままGOです。続けているうちにさらに楽しくなってくるかもしれません。自分は掃除や料理ができないと思い込んでいたけれど、もしかしたら才能あるかも……と思えるようになって、掃除や料理が大好きになれるかもしれません。「引き寄せの法則」から言うと、自分は家事がダメと思い込んでいると、そのダメな自分を引き続き引き寄せることになり、自分を変えることができません。ここで思い切って自分の才能への思い込みを変えてみましょう！

ためしに、白やピンクのヒラヒラやレースのエプロンを身につけて、新婚時代の新妻をイメージしたり、思い出したりして、気分を変えてみませんか？

「自分は家事が大好きだ！」と思い込んでみませんか？

「嫌い」と思い込むと、「嫌い」を確認するようなできごとを引き寄せてしまいます。だから、「大好きだ」と思い込んでしまうほうがとても楽になります。家事はこの先もずっとしていくものなので、当たり前に楽しく得意分野にしてしまいましょう！

それによって家事に対する悩みが消えます。

私も最近、大好きなお洗濯がますます超大好きになってきました。おしゃれ着もほとんどを手洗いですませています。私の手から愛のエネルギーが出ているので、自分が着るものに愛が込められて気持ちがいいのです。肌触りが違います。「手洗い」は「愛で洗い」です。ついでにアイデアも出ますよ！

「天の舞」ができてからは、ますますお洗濯が楽しくなりました。窓から見える海の景色が絶景だからです。一番いい景色かもしれません。洗濯が大好きと思っていたら、最高の場所になりました。ブラボーです。しっかりと好きなものを引き寄せています。

次は、お掃除です。まめにお掃除すると波動が高まって運がよくなるという話や本がたくさん出ています。素敵なブームですね！

自著『人生のよろこび』（徳間書店）でも紹介しましたが、「きれいにするよろこび」として、松居一代著『松居一代の超（スーパー）おそうじ術』（主婦と生活社）、カレン・キングストン著『ガラクタ捨てれば自分が見える　風水整理術入門』（小学館文庫）、そして大ブームになった、やましたひでこ著『新・片づけ術　断捨離』（マガジンハウス）、さらに大ブームになった近藤麻理恵著『人生がときめく片づけの魔法』（サンマーク出版）などがお勧めです。『新・片づけ術　断捨離』はかなり役に立ちました。捨てることも大事ですが、探していたお気に入りのものが見つかって、感動しました。

カレンさんの本も目からウロコでした。いらないガラクタを片づけるとうつがよくなるケースにびっくりです。ものと心はつながっているので、片づけると心もすっきりとして、楽になるのだと思います。『新・片づけ術　断捨離』も『人生がときめく片づけの魔法』もお勧めです。どれでも好きなコースからはじめましょう！　自分は修行が好きという方は、「断捨離」コースを、自分はお姫様タイプという方は、「ときめきお片づけ」コースが入りやすいかもしれません。

次は、料理です。料理も気持ち次第で大きく変わります。苦手だと思うと不思議とまずくなります。得意だと思うと、作るものすべてがとてもおいしくなります。本当にすべてのことが思い方次第だと思います。特に、料理をするときに材料に話しかけるとおいしさが倍増します。試しにやってみてください。農薬てんこ盛りのしびれるような野菜よりも、ナチュラルに育った豚の肉や、元気に海で泳いでいた魚の方が、いのちをしっかりいただくことになり、体にいいと思っています。

一番は、自分の体が欲しがっているものを食べることだと思います。急に食べたいものが変わってもＯＫ！　つわりになったつもりで楽しみましょう！　そこには必ずスピリチュアルな楽しい理由があるはずです。

何ごとも自分は得意で天才なのだと思い込むようにしましょう！　そのほうが絶対

にお得です。結果が楽しくなります。

これから地球レベルの変化とともに、食生活も変わってくると思います。

だんだん自然志向になり、自分で食べるものは自分で作る流れになってくると思います。農業が生活の一部になってくるのです。土に触れば触るほど、地球の中のユートピアの世界シャンバラから、ゆったりのんびり気持ちいいエネルギーが応援のように送られてきて、土からそれを感じることができるのです。

せっかくの応援パワーを受け取らないともったいないので、毎日少しでも土に触れましょう！　庭で花を育てましょう！　野菜を育てましょう！　私も大好きな細ねぎを植えたら、四か月間も取れたての新鮮な細ねぎを食べられてとても幸せでした。そこから大量に球根が採れたので、また植えて楽しみに成長を待っています。

これからの料理は材料を自分で作るところから楽しめる時代になってきました。今よりもずっとユートピアだった江戸時代では、当たり前のことだったかもしれません。自分らしく自然を楽しみましょう！

アパートやマンション住まいの人は、テラスでプランターを使って野菜作りを楽しみましょう！　土からシャンバラパワーをもらえ、さらに手作りの野菜から安心の愛をもらえてとてもお得です。これからは農業と料理がセットです！

ついでに野菜作りが新しい趣味にもなります。

次は新しい趣味の話をしましょう！

花を育て飾ることも、素敵な趣味です。花はユートピアの象徴なので、花いっぱいになると自然に平和になります。自分自身も花柄の洋服を着ると同じ効果があります。歩く花園です！　花のついた帽子をかぶっていたら、蝶が勘違いして止まりました。平和なのどかさを感じてほんわか幸せでした。

芝生の上に大の字になって寝る(アースする)のも気持ちのいい趣味です。私の趣味は木登りと気持ちのいい場所でのアースです。今は花壇作りが新しい趣味になりました。いろんな花の苗をアトランダムに植えて咲いた花を楽しむ、「ちょっとだけ秘密の花園」を楽しんでいます。ガーデニングに疲れたら、ストレッチ体操とダンスです。身体を楽しく動かす趣味を持ちましょう！

私は、恩納村（おんなそん）に移り住んでから、村のカルチャーセンターでフラメンコを始めました。その後、ベリーダンスも始めて、それぞれのよさを満喫しています。

最初は導入のストレッチ体操で転がってしまっていましたが、最近は大丈夫になりました。少しずつ変化していくのが趣味の楽しさです。ついでにきれいな衣装も着られるのでワクワクします。日常の流れがパッと変わるダンスの趣味も超お勧めです！

なかなか花柄の洋服が着られない人や、地味な色しかしっくりこない人には、「大人の塗り絵」がお勧めです。本屋に塗り絵コーナーがありますので、ぜひのぞいてみてください。塗り絵は、集中できるので瞑想と同じ効果があります。ストレスも解消できます。いろんな色を塗ることで、自分の中からいろんな色の光を引き出すことができて、ワクワクしてきます。

マンダラワークでもマンダラの塗り絵が大好評です。自分の中に入って自分の思考パターンに気づいたり、問題解決のヒントがわかったりします。自分の本質である七色の光に直接作用するので、色遊びは心地よい素敵な趣味になります。塗り絵の次はぜひ絵を描いてみましょう！　自分発見と自己表現に絵も新しい趣味にいかがでしょうか？

自分の仕事に悩んでいる人へ

仕事も人生で大きなチャレンジの一つです。
やりたい仕事ならつらくても頑張りますが、
やりたくない仕事はつらくて頑張ることができずに辞めたくなります。
本当にやりたい仕事が見つかったら、そちらに素早く変更しましょう！
人間関係で悩んでいる場合は、
そこから逃げても次の職場に同じタイプの人が待っています！
気になる人としっかり向き合って、
コミュニケーション能力を磨くチャンスと思って生かしましょう！
解決するころに自然な流れで卒業が訪れます。
愛を持って本音を語るとうまく流れはじめます。仕事場でチャレンジです！

あなたは今の仕事に満足していますか？　毎日がいろんなチャレンジと発見で楽しいですか？　いろんな能力を伸ばす機会が十分にありますか？　尊敬できる先輩や上司がいますか？　一緒に苦楽を分かち合える同僚がいますか？

話が合う人が一人でもいれば、その職場で何とかやっていけます。でも、まったくの一人を感じたら、もう一度人間関係をチェックしてみましょう！　見逃していてあまり話しかけていない人がいるかもしれません。もしそういう人がいたら、ぜひ自然体でインタビューしてみましょう！　意外に話が合うようなら、大丈夫です。このましばらく今の職場で頑張ることができます。

なるべくなら向き合う面接タイプの座り方ではなく、隣同士に座れてストレスのないおでん屋、焼き鳥屋、バーカウンターなどがおすすめです。本音をお互いに話しやすくなります。90度に座るのもアドバイスをもらいやすい座り方です。対面式に座るのはやめましょう！　どうしても相手が説教したくなるからです。こちらも尋問を受けているような居心地の悪い雰囲気になりやすいです。

じっくり隣に座って話してみると、ときには自分が勘違いしていることもあり、新しい解説をもらって誤解がとけて、そのままますっきり解決することもあります。もし異性で話を聞いてもらえる人がいたら、職場恋愛につながるチャンスかもしれません。相手に妻子があるとややこしくなりますが、もし独身なら職場結婚に発展するかもしれません。そうなると仕事の悩みがパートナーを見つけるチャンスに変わって、これはとてもお得な必然の流れになります。

誰かに相談しても一人ぼっちを感じるのなら、そろそろ今の職場から撤退の時期かもしれません。人生の転機です。きっと今がベストタイミングです。本当にやりたかった仕事をイメージして、しっかりと就職活動をしましょう！　必ずいいご縁があって、思いとおりの仕事が見つかります。

今の仕事に満足しているけれど、ちょっとマンネリを感じて、情熱が薄れてきたら、それも仕事を見直してみるチャンスです。今回の人生の仕事は今までの才能や能力を最大に生かしてみる最大のチャレンジです。

せっかくの人生、仕事に生きがいを持って、生きている醍醐味を味わいましょう！

仕事は、自己表現の場としてとても大きな意味があります。また仕事を通して社会とつながり、大きく自分の能力を生かすこともできます。だんだん生まれ変わりの回数が増えて体験が多くなってくると、仕事に対しても「自己表現」から「人の役に立ちたい」という奉仕の気持ちが強くなってきます。これは「個」が「公」に変化する進化の兆しです。みんなを喜ばせたい、みんながハッピーになる仕事がしたいという流れが仕事における進化です。

私達の魂、光、意識は、今までにたくさんの種類の仕事をこなしてきています。その体験の総合エネルギーは右半身に表われています。男性性のエネルギーです。

右半身ばかりに怪我をしたり、病気をしたり、凝ったり、痛みがあったりしていませんか？　特に今仕事で悩んでいる方は、チェックしてみましょう！　また、右側の腰が膨らんでいませんか？　もし盛り上がっていたら、自分には才能がないと悩んでいるはずです。アロマのジャスミンがすっきりとその悩みを解放してくれます。ジャスミンティーを飲むのもいいです。沖縄ではさんぴん茶として愛飲されています。

才能だけでなく、自分の存在まで否定するほど悩んでいる方は、左の腰を触ってみてください。そちらが腫れているときは、「どうせ私なんか誰も必要としてくれない、わかってくれない、いなくてもいいんだ」という自己否定がかなりたまっているときです。上司にひどく注意されたり、叱責されたり、仕事で大きな失敗をして自分でもダメだと否定する感情がたまってくると、左の腰の部分にある脾臓(ひぞう)のところが自己否定の感情がたまって腫れてくるのです。

自己否定がたまっているときのアロマは、クラリセージがおすすめです。だんだん表情も暗くなってどんよりして口数も減っていると思います。これは、インナーチャイルドのＳＯＳサインでもあります。

インナーチャイルドとは、自分の本当の気持ち、感情の象徴です。インナーチャイルドの癒しが必要なのです。自分をしっかりと認めてあげて、「大好き」と自分を抱きしめてあげましょう！　このままほっておくとお先真っ暗な気持ちになり、本当のうつ状態になってしまいます。インナーチャイルドを癒すアロマは、オレンジがおすすめです。オレンジを食べたり、オレンジジュースを飲んだりしても効果があります。

スキンシップも大切な癒しになります。ハートから出る愛のエネルギーが手から直接出てきますので、家族や仲間に背中の真ん中へ手を置いてもらって、「大丈夫！

ラブ注入！」と愛をいっぱいもらってください。抱きしめてもらうハグをするともっと効果があります。そのとき自然に涙が出たり、泣き出したりしたくなったら、泣きましょう！　すっきりして楽になります。仕事の話は家庭に持ち込みたくないと思っている方も、これを機会に伴侶へ仕事の悩みを話してみてはどうでしょうか？　このときも対面で座らないように気をつけてください。隣か直角に座るといい感じになります。うっかり対面にすると、お説教モードを引き寄せてしまうのです。顔が直接見えない方が、緊張感がなくて自然に本音が話しやすくなります。

相手が父親なら、それまでの人生体験を語ってくれて、思いがけない深い交流になります。相手が夫なら、違う視点で見直してくれるかもしれません。いつもと違う夫の内面を感じられて、惚れ直せると思います。

相手が奥さんなら、すぐに背中に手を当ててもらって、愛を注入してもらえます。ついでにハグしてもらって、そのままラブラブコースもありです。結婚していてよかったとしみじみ感じられる流れです。

子どもと一緒に無邪気に遊ぶのも、結構いい方法です。楽しくはじける元気パワーを子どもからもらえます。この子のためにも、頑張ってみようと勇気が出てきます。

一番立ち直りが早いのは、自分で自分を認めることです。仕事を一生懸命にやっている自分を認めるのです。寝るときに「大好き！」と自分をハグしておくと、ぐっすり眠れて、翌朝の目覚めがさわやかです。

そして大事なのが机まわりの片づけです。

整理整頓すれば、自分の思考も整理できます。まわりがすっきりすることで霧が晴れるように、先が少し見えはじめます。何から手をつけたらいいかが直感でわかってきます。そこが立ち直りのサインです。また仕事を通じて、自分の才能を社会に生かしていきましょう！

仕事がてきぱきとはかどる感覚がよみがえってきたら、もうあなたは大丈夫です。

悩んだ分だけスキルアップしています。人生一切無駄なしです！

苦手な人との関係を変えたい！と思っている人へ

今気になる人がまわりにいて、どうしても関係を絶ちたいと思うときは、
「ありがとう、さようなら」の気持ちで、
お互いがハッピーエンドになるイメージをしましょう！
それぞれがお互いの人生の舞台で脇役を演じ合っています。
もうそろそろ退場してもいいタイミングです。
深刻にならないで、軽い気持ちで気楽にバイバイをしましょう！
嫌な相手はきっとあなたの人生の舞台で、悪役大スターです。
大事な嫌われ役をしっかり演じてくれました。
「今まで、本当にありがとう！　あなたのおかげで、許す愛を学びました」
と心の中で思いましょう！

今まわりにいる人は、あなたの人生の舞台の脇役です。あなたの思いで引き寄せた人々です。体験に必要なキャスティングの場合は、波長が違っても引き寄せます。とくに「許す愛」を学ぶときには、飛びきり許せない人を引き寄せて悪役大スターを演じてもらいます。そんな人と関係を絶ちたいのではありませんか？　あなたがその人を許すことができたら、見事に舞台から去っていきます。気持ちが伴わなくても言葉だけでも言ってみてください。

「私はあなたを許します。悪役大スターの役をやっていただき、ありがとうございました！　さようなら！」という感じです。いかがでしょうか？　これならできそうですか？

私も悪役大スターの人から縁を切られたことがあります。その人のおかげでかえって反対されたご縁が強い絆になりました。逆説的な愛のキューピットです。あなたも縁を切りたいその人の登場で、人生が濃くなっていませんか？　その人のおかげでいろんな展開がありませんでしたか？

嫌な人の縁で、とてもいい人につながることがあります。

逆に大好きな人の縁で、とても嫌な人とつながることもあります。

そのときはいい人、悪い人とレッテルを貼っていても、ずっとあとになってみると、単にその役を演じただけの人だということがわかってきて、じんわりと感謝の気持ちが出てくるのです。これはとても不思議な感覚です。そしてとても穏やかな気持ちになって癒されます。

クリニックにいらしたある女性は、厳しく育ててくれた怖〜い養母を好きになれず、縁を切りたくて悩んでみえました。彼女と養母との関係は、魂の歴史をさかのぼってみると、過去生で修道院に捨てられた子どもが彼女で、厳しい修道院長が養母でした。イメージがぴったりだったので、どんぴしゃりだと納得していました。

もう一つの過去生は、その女性が江戸時代に子だくさんの母親だったときに、美人の娘（今生の養母）を遊女に出してしまった罪悪感から、ずっと養母に尽くしてきたのだということがわかりました。遊女となった娘はその道で上り詰めて、プライドの高い花魁（おいらん）になったと話すと、今生も大変プライドが高い方だといいます。彼女はもう十分に尽くしたので、ハートをふさいでいる罪悪感のふたを取ったら、すっきりしてほっとしていました。これで自由に羽ばたけます。養母には世話をしてくれる親戚がいるのでそちらも安心です。

「もうあなたは十分に尽くしたから大丈夫よ！　魂の宿題が終わったわ！　おめでとう！」と抱きしめるハグをしたら、ハラハラと涙を流して安堵していました。

これで、今までの自己犠牲の生き方を卒業して、もっと自然体の道を歩んでいけます。怖い養母にも、見事に「ありがとう、さようなら」が心の中で言えました。魂の宿題ができて、晴れて好きなことがどんどんできるようになります。これからが楽しみです。

どんなに人生がつらくても、自分が舞台から消えることはやめましょう！　そうしたくなる気持ちはわかりますが、きっと守護天使が止めに入ると思います。私も何度も試しましたが、ことごとく天使に邪魔されました。まだ寿命ではなかったからです。

とりあえずは、自分を舞台の中心に据えて、まわりのキャストを変えてみましょう！まずは携帯電話から苦手な人の情報を削除します。好き嫌いの感情で好きな人とだけ交流して、嫌いな人とは距離を置きます。義理人情を棚上げにします。

好き嫌いは大切なセンサーとして受け止めましょう！　自分の好き嫌いの感覚を抑えてしまうと、本当の気持ちが自分でわからなくなってしまいます。

「どんな人も好きにならなくてはいけない」という思い込みにしばられてしまい、本音よりもまわりの状況を優先してしまいます。

本音で生きる自然体の生き方をしましょう！　好き嫌いの感覚を思い出して、人間関係を整理しましょう！

これは一種の人間関係での断捨離です。これをはじめるとすっきりしてきます。我慢しなくてすみます。ストレスが減ります。本音で生きることの気楽さを体感できます。断捨離にブラボーです！

夢を叶えたい！ 成功したい！と願う人へ

夢は必ず実現します。しかもベストタイミングに夢が叶います。
成功することもその中に入っています。
夢をぜひまわりの応援団の人々に話してみてください。
話すことで自分の夢がどんどん具体的になり、イメージが湧いてきて、
応援団の宇宙もその夢を聞いてくれます。
「引き寄せの法則」を活用できます。「夢のコラージュ」をつくってみましょう！
自分の顔写真を真ん中に置き、そのまわりに好きなもののイメージを
貼りつけると、見るだけで幸せな気持ちになります。
毎日の生活も「夢のコラージュ」のように演出しましょう！
好きなものに囲まれることが大切です！

「夢を叶えたい！　成功したい！」という気持ちがあることは、もっと成長したいというサインです。素敵な思いです。夢を叶えるのは人生の目的の一つです。夢を現実化していくには、まず「思うこと」そして「イメージすること」です。

さらにそれを形にして「夢のコラージュ」や「マインドマップ」など、文字でやりたいことをどんどん枝葉のように書いていくのも楽しい方法です。

詳しいことは自著『夢実現プロセス』(大和書房)や『人生の癒し』(徳間書店)を参考にしてくださいね！

自分の中の大人であるインナーアダルトがインナーチャイルドを認めて、大好きになってあげると自分の感情が満たされて、「好き」という感覚が芽生え、「夢を抱く余裕」ができてきます。

自分の夢がわからない、何が好きなのか、何をしたいのかがはっきりしないときには、急がば回れです。自分の感情、本音を満たしてあげましょう！

自分を抱きしめて「生まれてきてくれてありがとう！」「今日までよく頑張ったね」「大好き！」をしっかり言ってあげましょう！

インナーチャイルドが癒されると、自然に自分の感覚が戻ってきます。何が好きで、何をしたいのか、どこに住みたいのか、まるで目に霞みやベールがかかっていたのがすっきりと取れるような感じです。

クリニックでは、潜在意識にたまっていた感情が解放されると「目の前が明るくなりました。よく見えるようになったような気持ちです。不思議です！」という表現を患者さんがされることが多くあります。眼科ではなく精神科なのですが、視界がクリアになるのです。

まわりが明るくクリアに見えてきたら、物事が好転して流れがよくなり、夢実現が頻繁になります。「すべてはうまくいっている！」という魔法の言葉の意味が実感できる体験が続くようになるのです。

またそう思うことで、ますますそうなってきます。

いろんな分野で成功している人の話を聴くと、自分を信じる力が強く、自分を認めて明るく前向きに生きています。

うまくいかなくていつも愚痴ばかりこぼしている人は、自分を認めていなくて「ダメだ」を口癖にしています。何でも暗くマイナスにとらえて、とても成功しそうに見えません。姿勢が悪く、猫背で暗い雰囲気が漂っていて、近寄りがたい感じです。私も昔はこちらのタイプでしたから、懐かしく思い出されます。

成功している人は、キラキラのオーラで笑顔が素敵です。姿勢もよくハートを開いてニコニコしているので、つい話しかけてしまいます。ユーモアもあって笑いが多くて、つねにはじけています。そばに行くとその人の明るいオーラに包まれて、自分までいい影響を受けられるような気がしてきます。だから人がどんどん集まってくるのです。

みなさんもどんどん夢が叶うタイプにチェンジしませんか？

とても毎日が楽しいですよ！

「成功したい」というのは、おそらく仕事での成功がほとんどだと思います。仕事での成功は、出世だけでなく仕事内容として達成感があることではないでしょうか？

「自分はこれだけやれた」という実感があると、嬉しくてまたやる気が湧いてきます。ものを作る人にとっては、アイデアが生きて認められ、商品化し、人気になると成功したことになります。「これこれ、私が欲しかったのはこれよ！　よかった！」と言ってもらえる商品を作ってみたいですね！

私の場合は、一生懸命にわかりやすく、愛を込めて、本を書いています。ちょうどこの原稿を書いているときに、自著『魂のしくみ』(青春出版社)が重版になりました。全国で均等に売れていて、いろんな人々に読まれていると思うと嬉しくて、この本の原稿を書く気持ちもノリノリになってきます。

講演会の感想で、「自分がまさに聞きたかったことを話してくれた」と喜ばれると本当に嬉しいです。

相手が必要としていることを感じて、それにすぐ応えられるのも感性と才能かもしれません。それには、エネルギーを感じて読み取る、直感を磨くことが大切です。自分が表現したい気持ちだけでは一方通行なので、その場の雰囲気、エネルギーを読んで、相手が喜ぶように直感で答えようとするとうまくいきます。

さらに、成功するための、相手が喜んでくれるための最高のエッセンスは、愛を込めることです！　愛は抽象的なものではなくエネルギーです。ピンク光線です。これを自分の仕事に取り入れるとひと味もふた味も変わります。しっかりと相手に伝わるものなので、手を抜くと愛が入っていないことになります。

愛を込めたものは、必ず人々が感じ取って、行列ができる魅力的なものになるのです。そんなものや事柄をつくることができたら、もちろん大成功です。

私は講演会やセミナーのときにアメージング・グレースの替え歌として、

「あきらめないで
夢は叶う
愛がすべてを溶かす
分かれた光が一つになる
みんなで大きな光」

という歌詞を作って歌っています。

「愛がすべてを溶かす」というフレーズは、大きな宇宙の真理です。毎日の生活にもしっかりその真理が影響しています。愛を込めたら、どんな仕事もどんな創造もうまくいきます。夢実現に立ちはだかる難問も愛で溶けて解決します。

愛が人と人をつなぐからです。誤解を解き、障害を溶かし、距離を縮めることができます。先日のミニ講演会でも、「愛を込めて本音を話しましょう!」というメッセージをしっかりと伝えました。

本音を話すと相手を傷つけるのではないかと気にして、言えない人が多いのです。でも本音で話し合わないと、仕事やプロジェクトはうまくいきません。空回りしてしまいます。愛を込めて本音を話すと必ず相手に伝わるようになります。

もともと私達は、大きな光でした。自分達の光の特質をもっと実感してみたくて、大昔、ビッグバンのように大爆発して個々の光になったのです。それぞれバラバラのようでいて、もとは大きな光だったと思うと、どんな人もどんな光も懐かしく愛おしくなります。それぞれ七色のどれから体験するかの順番は自由選択だったので、それぞれ微妙に色合いが違って見えるだけで、もともとは一つの大きな光でした。

愛のボンドでつながって、また大きな一つの光になろうとしているのが今という統合の時代です。大きな意味では、みんなの気持ちが愛で溶け合って、つながって、一体感を持てたら、本当の大成功と言えるかもしれません。それがみんなで向かっている大きな夢実現ではないでしょうか？　だから愛のボンドは大切です。

大きな成功のために、日々の生活の中で、仕事の中で、家庭でも、愛を込めて取り組みましょう！

第4章

恋愛・結婚で幸せになりたい人へ

出会いがない！　結婚したい！　と思っている人へ

「恋愛や結婚をして幸せになりたいのに、なかなか出会いがない」
「この人だと運命を感じる人に出会えない」というときは、
まだ本命には出会えていないということで、今はタイミング調整中です。
本命に出会うまでの自分磨きをしているのです。
必ず自分の魂は、ここぞというベストタイミングに運命の人との出会いを
セットして、「人生のシナリオ」を書いて生まれてきています。
安心してこのまま今の流れを続けてください。
自分磨きの手を休めないで、
運命の人との波長が合うまでのプロセスを楽しみましょう！
それぞれの守護天使が必ず会わせてくれます。大丈夫です！

どうすれば運命の相手に出会えるのかについて、本当に真剣に悩んでいる人は多いと思います。仕事場だけが社会との接点の人の場合は、自然に職場恋愛や職場結婚をする流れになりますが、仕事をしていない人、仕事場に対象になりそうな異性がいない人の場合は、母親や世話好きなおばさんが縁をつないでくれるか、家族や友人の紹介、自分で積極的に趣味の場や合コンに出かけたり、結婚相談所を使ったりするなど、いくつかのパターンがあると思います。もちろん旅先での出会いもあるでしょう。

出会いは、それぞれの人についている守護天使が段取りをします。出会いのタイミングが近づいてくると、守護天使同士が「そろそろですね！」とニコニコ嬉しそうにテレパシーで連絡を取り合って、二人を絶妙なタイミングで出会うようにセッティングします。

電撃的な出会いほどそのあとの流れが早く、結婚すると「電撃結婚」と言われます。過去生で悲恋のまま終わって、「結婚は次の人生でしよう！」と誓い合って、連続ドラマのようなシナリオになっていると、このパターンを選んでいます。

逆にいわゆる「長い春」と呼ばれる長い恋愛を続けて、なかなか結婚に踏み出せない場合もあります。ソウルメイトの関係が濃く、結婚にトラウマがあって、それを溶かすために時間をかけているのです。

長年、かっこいい素敵なスターや歌手に片思いをするコースを選んでいる人もいます。あまりにもつらい結婚や激動の結婚を体験した魂は、しばらく現実の結婚から遠ざかって夢の世界に漂うことで、前のつらい結婚の痛手をスターや歌手に癒されているのです。スターの出ている恋愛ドラマや恋愛映画を観て、ドラマや映画の中で恋愛を疑似体験し、スターに映画や歌で愛されることでトラウマを解消するのです。

お気に入りの歌手のコンサートでは、歌手は、愛の歌を聴きながら、自分を対象に歌ってくれていると思って深く癒されます。歌手は、ファンのハートが放つエネルギーを感じて、その思いにぴったりの歌を自然に歌ってくれるので、とても癒されるのです。

恋愛は自分を認めてもらえるかもしれないと相手に感じる「ときめき」からスタートします。その人を思うだけでどきどきするのは、恋のはじまりです。

誰かを好きになれるのは、とても素敵なことです。好きな人に出会えることは、素晴らしい人生の宝です。そんな自分を愛おしく抱きしめてあげてください。たとえ相手が雲の上の人でも、その人を好きになることで自分の女性性や男性性が引き出され、光があふれて輝き出すと、キラキラとした自分を見つけてくれる人に出会えるのです。「自分は恋愛する」「結婚する」と決めて、直感で動きましょう！　直感とは、理由がないのに強く感じられる「感覚」のことです。さりげないのですが、とても心に残ります。直感で「この人ときっと結婚する」と強く思えたら、きっと魂が計画してきた本命の人だと思います。直感は魂からのダイレクトなメッセージだと思ってください。

守護天使やその先に生まれてくる子どもの魂が、愛のキューピットとして恋愛や結婚の相手と必ずつなげてくれます。ですから、いつ本命に出会ってもいいように、おしゃれをしてスタンバイしましょう！　いつでも結婚できるように料理の練習をしましょう！

料理は、結婚生活では欠かせない大切な愛情表現であり、健康管理です。どんどんレパートリーを増やしておきましょう！　おつき合いをはじめたら、必ず料理の腕を披露するときが来ます。料理からも愛を伝えることができるのですから、心を込めて料理ができるようにしておくことは大切です。

いつでもラブラブできるように下着も素敵なものをつけていましょう！　好きなタイプの男性をイメージして気持ちよく自分を刺激して、エクスタシーを感じ、エネルギー調整をすることが大切です。それがスピリチュアル的にも美しく保つ秘訣です。ホルモンの分泌がいいとお肌もぴちぴちしますし、身体の気の流れもよくなって、いろいろいいことだらけです。

どの瞬間も美しくエレガントに色っぽく、そして可愛い女性を目指しましょう！　具体的に日常生活で二人が使うマグカップやお皿、お椀、お箸などをルンルン気分で準備し、結婚を意識すると、二人で生活するイメージも湧いてきます。どんどん自分の気持ちを盛り上げて、相手を引き寄せる強力な磁場をつくりましょう！

まだ相手が現れていなくても、必ずこの世界のどこかで生きているはずです。未来に希望を持ち、過去を振り返るのはやめて、今までの恋愛相手からのプレゼントや思い出のものを処分しましょう！　古いものを捨てると新しいものが入ってきます。気持ちだけ先走らせて「早く会いたい」とあせるよりも、具体的に準備を始めてしまうほうが、相手を引き寄せる力が強くなって実用的です。

相手をひたすら待ち続けて、年を取ってしまったらどうしようと心配している方、大丈夫です。あなたにとってベストタイミングに出会えます。80歳の女性がイタリア旅行で出会った57歳の男性と再婚した話もあります。80歳の男性が30代の女性と結婚したケースもあります。

実年齢よりも気持ちの年齢が大切なのだと思います。あきらめたら、遠ざかってしまいます。もちろん、今回の人生は結婚をお休みして、能力を磨いて試す仕事に燃える人もいます。とくに現代は女性でも社会的にいろんなことにチャレンジできる自由な時代になりました。どのようにも自分で選べるのです。

あなたも、自由に恋愛、結婚、仕事と好きなコースを選びましょう！　もちろん全部を体験するのもＯＫです！

さあ、もうすぐ出会いのときがやってきます。準備はＯＫですか？

今のおつき合いが不安な人へ

すでに今、おつき合いが始まっていて、
「もしかしたらこの人が運命の相手かしら?」とどきどきしている方へ。
「本当にこの人が本命なの?」と不安になるのは、
とても自然なことだと思います。
どんなに家族やまわりが反対しても、
自分の気持ちがOKなら突き進んで結婚しましょう!
結婚するのは自分なのですから、湧き上がる気持ちに正直に、
たとえ交際期間が短くても一緒にいたいのなら大丈夫です。
逆に、まわりが素晴らしい相手だとほめて勧めてくれても、
自分の気持ちがピンとこなかったら、たとえ土壇場でもお断りしましょう!
自分の気持ちがとても大切なのです!

すでにおつき合いを始めている方、好きな相手に出会えて本当によかったですね！　好きな人とおつき合いができて嬉しいはずなのに、なぜか不安な気持ちが出てくるのは、前に一緒だった時代の感情が反応して潜在意識から噴出しているのかもしれません。縁のある相手と再会して、過去生の続きをやっているのでしょう！　今回はハッピーエンドにセットされていますので、安心してください。

ある30代の女性で、もう五年間も同じ彼とつき合っていて、とくに表面的に結婚の障害となるものがないのに、お互いに何となく結婚に踏み出せない状態が続いている人が、そのことでクリニックに相談に来ました。

関係している過去生が二つイメージとして出てきました。一つは江戸の大火事で生き別れになってしまった若夫婦でした。お互いに必死になって探しても見つからず、今回の人生で一目見たとたんに「やっと見つけた！　会いたかった！」という思いがどっと湧き出て、涙があふれ出たそうです。

もう一つは、ヨーロッパ時代に戦争未亡人になったイメージが出てきました。この二つの時代の続きが重なって今生で再会したのですが、「また相手を失うのではないかしら」という不安から結婚へと踏み込めなかったのです。理由がわかると私達は安心して前に進めます。めでたく念願の結婚ができて、すぐに子どもが授かりました。

最近、紹介されて二週間で「電撃結婚」されたカップルに出会いました。国際結婚なのに、相手の家族も大賛成で、トントン拍子に結婚が決まりました。

お嫁さんの方が積極的で、お婿さんの方がおとなしい感じです。この二人は、過去生では性が逆転していて、やはり種族が違って結婚できなかった悲恋がありました。今生は国や肌の色が違うというハードルがありましたが、難なく乗り越えました。入籍したばかりのときにお会いしたのですが、もうすでにツーカーの微笑ましくも優しい空気が流れていて、「一緒にいて幸せ～」という感覚が伝わってきました。

結婚は日常を一緒に過ごすことなので、「同じ時空間を一緒に過ごしたい相手」を選ぶことが幸せな結婚への大切なポイントになると思います。

もし相手と一緒にいてなぜかつらく感じるなら、きっと過去生でいろいろ魂の宿題があって、それに取り組んでいる最中なのだと思います。必ず希望の光が差してきます。あきらめないで、お互いを理解し合い、認め合う流れに変わると、嵐はおさまってきますよ！　波乱万丈のあとには、穏やかなしみじみとした味わいがあふれ出てきます。

結婚する前に十年間も二人でバトルして、それでも一緒にいたくて、魂の宿題を終え、やっと穏やかな状態になり、入籍することができたカップルもいます。それぞれが仕事を持ち、お互いに助け合いながら素敵な結婚生活を創造しています。出会いは劇的でしたが、子どもができない二人なので、しっかりと向き合って、濃い関係を続けています。

結婚してすぐ子どもを授かる場合は、二人を両親に選んだ子どもの魂さんが愛のキューピット役をしてくれて、二人の守護天使たちは補佐役に回ります。ハネムーンベイビーの場合は、間違いなくその子が両親に選んだ二人をしっかり結びつけています。

私達は自分の両親を選んで生まれてきています。だから何があっても親のせいにはできません。そういう親をわざわざ選んだ深い意味があるからです。子どもは親を選んで生まれてくるのですから、もし結婚前に子どもができたら、その思いを尊重して迷わず結婚へＧＯです。

いま、この時代に生まれてくる子どもは、とてもパワフルで感性が素晴らしくこれからのユートピア創りに燃えている上等な魂を持っています。その子を守っている天使さんもパワフルです。大天使ミカエル並みの勇気と行動力を持った天使が、がっちりと守っています。その子の魂を信じて産んでみましょう！　きっと不安が一掃されて、勇気があふれてくると思います。

あなたが選ぶ道は、大丈夫です。すべてはうまくいっている！

この三次元の世界で体験することは、何にもかえがたい深い精神性を高め、さらに波動が高まって、思いがけない世界へと導いてくれます。

不安に負けないで、新しいチャレンジへ進みましょう！

「今この人と結婚してもいいの？」と迷う人へ

結婚までプロセスが進んでよかったですね！
あとははずみで結婚するしかありません。
自分の気持ちがＯＫなら、迷わずＧＯです。きっと今がベストタイミングです。
流れをはばむものがなければ、トントン拍子で進むと思います。
結婚もやってみないとわからない賭けのような面があります。
うまくいかなければ、離婚するというコースもあります。
結婚よりも離婚の方がエネルギーを使いますが、
結婚しないでずっと迷って独身のままでいるよりは、
思い切って結婚するという冒険のコースをお勧めします。
いろんな体験ができるからです。はずんで結婚へＧＯ！

結婚は人生におけるとても大切な一大イベントなので、結婚を決めても直前で不安になるのは自然のことだと思います。相手もそう思っているかもしれません。

結婚相手には、一緒にいて楽しい、安心、ほっとする相手が一番です。相手とキスができれば大丈夫です。もしキスができそうにないなら、きっぱりとやめましょう！　スキンシップが可能かどうかも大切なことです。初夜でうまくいかないと、あとが不安になりますが、甘いキスさえできれば、なんとかなるものです。どうしても不安だったら、恋愛中に少しはお試しラブラブをして、そちらの相性も確かめておきましょう！

昔の結婚は、親が決めて、一度も会ったことがない人と結婚式で初対面というケースも多かったのですが、最近はちゃんといろいろな面でお互いに確かめ合ってから結婚できるようになりました。結婚も本人の意志を尊重するようになっています。これは素敵なことだと思います。それでも、「これでいいのかしら？」と不安が生まれてしまいます。

思い切って、このチャンスに冒険のつもりで結婚してみましょう！　きっと世界が広がって、思いがけない貴重な体験が次々にできると思います。

私達は、愛がいっぱいの星、地球の地表に生まれ変わってきて、今回とくに盛りだくさんの人生を体験しています。盛りだくさんというのは、波乱万丈という意味です。地球自体の波動、次元が上がるという、地球はじまって以来の変化のときを迎えているので、それに合わせて自分たちも変革したいと、自分から願い出て生まれてきました。今回の人生はスペシャルなコースですから、きっと結婚もスペシャルです。

自分の魂と縁がある人が見つかって、キスが大丈夫そうだったら、すぐに結婚へ踏み切ってみてください。今がベストタイミングです！

あとは自分のおめでたい思い込みで何とかなります。それくらい結婚は、究極のところ、自分を見つめて、自分と対話するようなしくみになっています。

二人の個性がハーモニーとなってお互いを補い合うようになり、なくてはならない存在になります。かえって、互いの違いが素敵に思えるようになってきます。

そうなると、互いが違うことでイライラしません。違うことが微笑ましく思えてきます。「けなし上手」から卒業して、「ほめ上手」になりましょう！

もし結婚に関して気になる障害を感じたら、ぜひそれを、結婚が盛り上がる演出効果だと思って、ワクワク感じてみましょう！　あなたの結婚はどんなプロセスでしょうか？

「聖なる結婚」と呼ばれる質の高い結婚にチャレンジする人も多いと思います。「聖なる結婚」とは、お互いに相手の魂と精神性を尊重し合って認め合い、助け合う感動的な結婚のことです。

「聖なる結婚」に到達できるかということですが、それは相手の問題ではなく、自分の問題だと気づくことです。

相手が自分の分身のように思えてきたら、かなり「聖なる結婚」に近づいてきています。きっと「あうんの呼吸」が流れるようになります。日常のいろんな場面で二人が意気投合するようになります。電話をかけると、ちょうど相手もこちらに電話をしようとしていたところで、すぐに声が聞こえてびっくりするような体験が増えます。

実は、人間は誰でも右半身が男性性、左半身が女性性で、両方のパワーを持っています。お互いが合わせ鏡になっていて、自分が思ったとおりに相手が反応してくれます。

結婚を決めるとき、つい相手にないものねだりをしてしまい、不安になりがちですが、素敵だと思い始めると、とてもいい相手を選んだとほっと安心できるようになります。

結婚相手を選んでから、トントン拍子に流れ始めたら、きっと宇宙が後押ししてくれていると思って、突き進んでいきましょう！

でも、結婚式が近づくにつれて、どうしても自分が後ずさりするような気持ちになったとしたら、じっと自分の心に集中する瞑想をやってみてください。そのときに心がざわつかないで、「大丈夫、あの人とやっていける！」と思えたら、迷わずに進みましょう！

結婚は冒険のようなものです。チャレンジして新しい世界に踏み込んでみましょう！　天使が必ず応援してくれます。

結婚生活に悩んでいる人へ

結婚されているあなたは素晴らしいチャレンジャーです。
結婚はチャレンジだと思います。
環境も育ち方も価値観も違う相手と一緒に生活して
家族をつくっていくのですから、これからもお互いに歩み寄り、
本音で自分の気持ちを伝え合って、毎日を楽しく過ごしていきましょう!
ともにいろんな体験をしていく過程で、
相手の価値観、世界観が見えてきます。
お互いに認め合い、刺激し合いながら、
自分達らしい結婚の形をつくっていきましょう!
お互いの違いを生かし合うことを楽しみましょう!

結婚とは、結婚式をしてみんなに祝福してもらうことだけでなく、その後一緒に日常生活をともにして、生きていくというとてもシンプルなことです。

どきどきする「ときめき」は、一緒になりたいというハートのセンサーが働くサインです。それが磁石になって二人はくっついてラブラブしたくなります。

その「ときめき」を持続させることができるのは、お互いに歩み寄って、本音を伝え合い、刺激し合って、自分達らしい結婚生活をつくることだと思います。

結婚は二人だけの世界ではなく、両家のつながりもあるので、いろんな人々との絡みがあります。相手の両親との縁、相手の兄弟姉妹との縁。その中にもし魂の宿題があったら、ドラマチックに問題が起きますが、悩みながらも成長できます。結婚相手との縁に魂の宿題があったら、もっとダイナミックな流れになります。

おつき合いしているときに感じた不安は、この流れを直感で感じ取っていたのかもしれません。それでも結婚してみたほうが絶対にお得です。いろんな体験ができるからです。人生は舞台なので、いろんな役柄を演じることができるのです。しかも臨場感抜群で、舞台であることを忘れてしまいそうなほどリアルです！

結婚すると一気に経験が豊かになって、世界も大きく広がります。今まで感じたことのない世界へ入っていけるのです。

だから結婚は何度でもお勧めです。そういう私も三回結婚して、それぞれまったく違う世界を体験できました。いずれも体験が濃くて、小説以上の内容です。

最初の結婚は、医師、病院の世界、ロンドン大学への留学、平和運動を体験しました。二回目の結婚で、継母としての子育て、霊的な体験、海外旅行、冒険学校の立ち上げを体験しました。そして三回目の結婚で、沖縄の世界、癒しの世界での活動、本を書く喜び、絵を描く楽しみ、終の棲家「天の舞」の創造などを体験しました。まだまだ継続中です。

私達の表面意識は、両親の結婚生活から「結婚のイメージ」を吸収しています。

私の両親は仲がよくて、まるでアメリカの夫婦を見ているかのようでした。よく二人で映画やゴルフに行き、子ども達はお留守番でした。しかも母が「あとは啓子よろしくね！」と軽やかに出かけてしまうので、お腹をすかせた弟たちに料理を作って食べさせなくてはならず、私は小学校三年生から料理を始めました。何でもじっくり型なので、早めに経験させることが必要だというのが、母の思惑だったのだと思います。

これは、後に結婚してから料理をするのにとても役に立ちました。

私達の人生は舞台ですが、その演出をするのは私達の意識なので、結婚をどう思うかがとても大切になるのです。

「結婚はつらい」と思っていると、本当につらい結婚を引き寄せてしまいます。「結婚は楽しい」と思っていると、本当に楽しくて、もっと早くしておけばよかったとさえ思えます。「結婚はいろいろ大変」と思っていると、本当に次から次へ問題が出てきて、ちゃんと思ったとおりに、いろいろ大変になってきます。

まず、自分の伴侶は宇宙一だと思ってみましょう！　だって、自分が選んだのですから、今の時点では本当に宇宙一ぴったりの相手です。だから今がベストタイミングです。「私の夫は宇宙一！」「私の妻は宇宙一！」です！

そして、自分の伴侶はとても優しいと思ってください。そう思い込んで相手を見てニコニコ笑うのです。大笑いではなく微笑むのです。大笑いではバカにされていると思ってしまいます。嬉しそうに微笑むと相手も嬉しくなります。

ためしに自分の中の相手のイメージを、ウルトラおめでたくして見るようにすると、そこから不思議な流れが始まって、相手の中に最高のエネルギーがあふれ出てきます。相手に「また会えて嬉しい～」と言ってみてください。

「今朝会ったばかりじゃないか」と言いながらも、相手はとても嬉しいはずです。そこに無条件の愛を感じるからです。

結婚できた不思議な縁に感謝しましょう！　お互いに必ずソウルメイトです。縁があったからつながったのです。ほとんど奇跡的なことだと理解して、相手に感謝の思いが出てくると、自然に素敵な笑顔で出迎えられるようになります。

結婚はコミュニケーションがとても大事です。とくに「言ったつもり」で自分の心の中で自問自答してしまうと、後で「聞いてない！」と押し問答になってしまいます。「心の中の思いを言語化する」癖をつけましょう！　そのほうが、お互いの気持ちを逐一伝えることができて、誤解の溝をつくらずにすみます。ちょっと相手に聞いてみればいいのに「いつもこうだから」と勝手に思い込むと、びっくりの思い違いをつくります。過去のデータをつなげてしまわないで、そのときの気持ちを相手に聞きましょう！　お互いによく観察することで、それぞれのパターン、好み、嫌なことなどを理解できるようになります。

子育ても、夫婦の関係も、花を育てるのと同じで手を抜けません。つまり花に水をやるように、愛をずっと注ぎ続けることが大事です。愛は循環しているので、相手へ愛を注ぐと自分にも返ってきて、ずっと愛の音楽を奏で続けることができます。

時々、お互いに、「幸せですか？」と聞き合ってみましょう！「幸せですよ！」と言ってみることで、お互いの存在がまた愛おしく思えるようになります。

ハードルが高くて、チャレンジの多い結婚の場合は、自分への愛を忘れないようにしましょう。必ず寝る前に「今日もよく頑張った！　大好き！」と自分を抱きしめてあげましょう！　それによって、いろんなできごとでできた心のキズの穴埋めができ、ぐっすり眠れて、朝の目覚めもいいです。ぜひお試しください。結婚は楽しい!!

パートナーとのセックスに悩んでいる人へ

あなたとパートナーのセックスの相性はぴったりですか？
おつき合いをしてみて、セックスがとても苦痛に感じるなら、
その相手とは早めにお別れしたほうがいいと思います。
身体のしくみとして、まるでパズルのように、
うまくはまるかはまらないかの問題の場合があるのです。
セックスはスピリチュアル的にとても大切なことなので、
お互いに本音でどうしたら気持ちよくなるかを語り合いましょう！
ちゃんと向き合って、好きな音楽をかけたり、いい香りに包まれたり、
ときには温泉に行ったりすることでもリラックスできます。
二人で音楽を奏でるようにゆったりと宇宙に飛びましょう！

おつき合いをしてみて、セックスが合わないのは、スピリチュアル的にはエネルギーの問題があります。お互いが楽器として気持ちよく音楽が奏でられるかどうかです。不協和音になるとエネルギーとして合わないので、一緒にいるのがつらくなるのです。

セックスに不満があるときは我慢せず、正直に自分の気持ちを表現しましょう！　痛みが出るのは、①構造的に無理がある②前戯が足りなくて愛液が十分に出ていない③精神面でセックスに対してのブロックがある、のいずれかです。①は体位を変えると楽になります。②はどうすると気持ちいいのかを楽しく話し合いながらやってみましょう！　③はアロマのマッサージを受けたり、自分でローズの香りをかいだりしながら、ソケイ部のマッサージをするとかなり楽になります。どうしてもトラウマが溶けないときには、きちんとカウンセリングを受けましょう！

本当に二人の奏でる音楽が調和し、心地よいハーモニーになれば、いつまでも演奏を続けることができます。これは、とても大切なことです。

もっと深いところのリズムは、波動の音楽です。いい音楽を奏でているときは、合体したままじっとして二時間、三時間、彫刻やオブジェのようになります。それぞれのエネルギーセンターが心地よく共鳴してオーラが素晴らしいハート型になり、らせん形を描いて、宇宙に飛んでいきます。チベット仏教の最後の修行は「タントラ」、男女の合体です。僧と尼さんが合体して宇宙に飛ぶ瞑想を体験することです。チベットに行くと、合体の仏像や仏画(タンカ)があります。とても神聖なものなのです。

おつき合いの期間は、この人となら飽きないでずっと家族をつくっていけるかどうかを決めるのですから、決めるまで悩むのは当然かもしれません。二人の価値観が近いとか、共通した趣味があると、少しセックスが飽きてきても仲よく続けることができます。料理上手だと大丈夫なこともあります。

セックスは、単に子どもを産むためのものではなく、お互いのコミュニケーションや喜びを分かち合う大切なことなのです。さらにスピリチュアル的には、それぞれの内在する光を総合的に引き出す素晴らしい方法です。だからチベットの仏教では、最後の修行が男女合体の瞑想とされています。

日本では、江戸時代のユートピアを築いていたときまでは、とてもバランスのよい大らかなセックス文化が栄えていました。しかし、性器信仰は明治政府が壊してしまいました。それを解説してくれるような、セックスについての深い教えが、なんと中国の老子によって説かれています。

びっくりの本を紹介します。千賀一生著『タオ・コード』（5次元文庫・徳間書店）です。これを読めば、本当のセックスの意味が深く理解できます。

著者の千賀さんが、中国の山奥で老子の大らかな性の教えを体現している集落を二十年前に訪れて、実際に体感した貴重な体験をもとに書かれた本です。

老子が人生を説く哲学の教えは、実はダブルミーニングで、性について書かれた本だということを解説しています。中国の部落では大自然のジャングルで男女が静かに深く長く合体して、宇宙のオブジェのように男女が溶け合って、一つの作品となり、生の彫刻のようにとても美しいのだそうです。

どこもいやらしくなく、女性が傷つくこともなく、対等に尊敬し合い、いたわり合って、芸術品となるのです。命の自然ないぶきとして、たとえ子どもが見ても恥ずかしくない美しい姿で、こうやってあなたは両親の愛のいとなみから美しく生まれてきた大切ないのちなのだと見せることができるのです。

私もセックスについてはかなり大切だと思っているので、最近の自著『魂のしくみ』にもしっかりと医学的に、スピリチュアル的に詳しく解説しています。その本でも『タオ・コード』を紹介しました。千賀一生さんに直接お会いしたくて、東京出張のときに講演会とワークに参加したほどです。

そのときに、千賀さんがその部族から教わって全国に広めている、宇宙と一つになる「わの舞」を体験して、輪になって踊る楽しさと喜びと、みんなでエネルギーが一つに溶け合う感覚を味わうことができました。命の躍動である「生エネルギー」と「性エネルギー」が手をつないだり、飛んだりはねたり、回ったりしながら、自他の区別がなくなって、大いなる宇宙と合体するのです。セックスは踊りと似て、エネルギーの流れが大切です。エクスタシーを感じることで、生殖器のエネルギーセンターから、オレンジの美しい光があふれ出て、あらゆる創造のエネルギーに変換されるのです。

だから芸術家は、創造のエネルギーを引き出すためにも、情熱的なセックスを求めます。とくに女性に女神性を求めるようになります。美しい『接吻』というゴールドの絵を描いたクリムトの作品のように、実在の美しい女性からエロスと品性と女神性を引き出しています。『接吻』という作品は、三次元と二次元の構造で描かれながら、六次元までの高さに私達の意識を引き上げる力を持っています。

ピカソも若い妻をめとり、エロスを大胆にエッチングで表現しました。

岡本太郎さんもフランス時代の十年間は、いろんな女性と恋愛を楽しみ、帰国してからは公私ともにパートナーだった敏子さんと情熱的に燃えて、エネルギッシュな作品をどんどん生み出しました。

自分の中からエネルギーを出すためにも、気持ちのいいセックスをしましょう！

離婚や不倫など、今の関係に悩む人へ

せっかく出会って結婚しても、お互いに気持ちが冷めてすれ違いになり、会話もなくなってきたり、そろそろ潮時かもとお互いに感じたりするときは、離婚へのプロセスです。不倫の場合も、過去生で夫婦だったことが多いので、そのときにやり残したことを気がすむまでやると、もう十分かもしれないという気持ちになってきます。

お互いに潮時を必ず感じ始めますので、そのときは「今までおつき合いをありがとう。お元気でさようなら」と言って、素敵なエンディングにしましょう！

また来生以降で再会して夫婦になるかもしれません。

素敵な余韻を残して、粋なお別れをしましょう！

せっかく結婚したけれど、いつのまにか気持ちが冷めてしまった、ほかに好きな人ができた……など、そろそろ結婚に幕を閉じたいと思っている方、結婚より離婚のほうがエネルギーを使います。もやもやした気持ちを抱きながら結婚生活を続けるよりも、思い切って離婚し、いろいろなごたごたを終えたあとのすがすがしさもまた格別です。自由を獲得したというエネルギーがさっと広がる軽やかさを体験することができます。まさに人生がリセットされます。住むところや人間関係や仕事も変わることがあります。エクスタシーチェンジができます。結婚の期間が長いほど、自由感が広がるでしょう。

成田離婚と呼ばれる電撃離婚は、結婚式を挙げることが今生の目的で、結婚生活はすでに過去生ですませていることがあります。クリニックにいらした患者さんで成田離婚をした方に聞いてみると、「そうなんです。結婚式を挙げたかったのです。ハネムーンが終わったら、急に熱が冷めてしまいました！」と素直に答えてくれました。

恋愛期間はスムーズだったのに、結婚式を無事に挙げたら、もう気がすんでしまい、離婚して次のコースに移り、過去生で悲恋だった相手とすぐに再会してトントン拍子に再婚し、子どもも次々と二人生まれました。

まだ意識的には結婚していないのに、離婚を考えている人もいます。とくに親と同居の場合は、娘や息子のままの意識でいるため、エネルギーとして結婚している状態ではないのです。まず意識で結婚を受け入れ、しばらく様子を見てから離婚を考えるように勧めています。結局離婚せず、結婚が継続してハッピーエンドになることもあります。

ニコニコ離婚をしたいときは、イメージが大事です。お互いが笑顔で別れる近未来のイメージを浮かべながら、愛の祈りをしましょう！

離婚する場合は、一度はお互いに愛し合った仲なのですから、ソウルメイトとして尊重し合うことが可能です。とくに今回の人生では、今までのいろんな時代の解放をしていますので、気持ちよくすっきりとお別れしたいものです。お互いの出会いに感謝して、「今まで本当にありがとう！　お元気で、さようなら！」と思えるようにしましょう！

離婚のタイミングは、過去生の続きをしてもう十分に償ったとか、もう十分に体験したとか、気がすんだと思えたときにやってきます。

夫や妻の暴言暴力も、昔ためていた怒りをぶつけているのです。お互いに合わせ鏡で昔の自分を映し出しているのです。これを認めるのはとてもつらいかもしれませんが、一度それを理解できたら、不思議に許せなかった相手をすっと許せるようになります。

不倫を終わらせたいときもそうです。不倫の縁は過去生の夫婦です。あまり性生活がうまくいかずに、夫が浮気ばかりして奥さんが寂しい思いをした結婚のやり直しが逆転した関係で、気がすむまで愛の逢瀬を楽しみます。

つまり不倫の相手の妻は、過去生での浮気相手や愛人で、今回の人生で約束を果たして結婚しましたが、当時寂しい思いをした妻が、今生では浮気相手や愛人の役を演じています。だから今回で双方がチャラになります。不倫にも意味があるのです。ちゃんと自分を見つけてくれて、昔の寂しかった心の穴を埋めてくれた相手に感謝しましょう。お互いの立場を体験すると、それぞれの気持ちが理解できます。

あなたがどんな人生を創造してもそれは自由です。あなたらしく生きてください。

そのために私達は大きな光から別れて、自由意志と七色の光を持ちながら、いろんな人生を創造し、体験してきているのです。自分で体験したくて選んできた人生の集積を今体験しています。どんな気持ちも不安もしっかり自分がまず受け止めてあげてください。

離婚も不倫も貴重な体験です。意味があって体験しているのです。日陰に入らず、日の当たるところに自分を置いてください。かけがえのない命が続いている自分を抱きしめて、愛をいっぱい注いで大好きになってあげてください。

それでは、ここで元気よく、握りこぶしを振りおろしながら、「これでいいのだ！」を三回以上大きな声で言ってみましょう！「これでいいのだ！　これでいいのだ！　これでいいのだ！」

すべてはうまくいっています！

今よりきれいになりたい！と願う人へ

まず「自分はきれいだ」と思ってください。どんどんきれいになります。
あなたは美しいです。とてもカラフルな光です。
生まれてきてくれてありがとう！
一生懸命に生きてくれてありがとう！
あなたがいてくれて本当によかった！
あなたの笑顔と愛のエネルギーがまわりを照らしています。
あなたのおかげでみんな元気です。愛をありがとう！
安心して恋愛、結婚をイメージしましょう！
愛を届けた相手から愛と感謝の思いがいろんな人を介して戻ってきます。
そのときさらにあなたは輝くでしょう！
女神性が開き、あなたは美しい光となります！

大好きな恋愛と結婚の章をこのメッセージで締めくくることができて、とても幸せです。私は生まれながらに副腎ステロイドホルモンが十分に分泌されない難病で、その症状で背が低く、あまり女性的でない体の特徴がありました。つまり女性的でないことが大きな悩みだったのです。ところが、この病気を自分の反骨精神のおかげで治すことができたのです。西洋医学ではない方法で治ったおかげで、とてもユニークでスピリチュアルな医師になりました。

本当に人生一切無駄なしです。しかも自分の表面意識がどんどん変わって、どんどん若返り、どんどん女性的になってきました。背が低いおかげで「可愛い」と言われて、ますます可愛いファッションを選ぶようになり、さらにまた「可愛い」と言ってもらえて、嬉しい循環が続いています。

宇野千代さんのように、「私はきれい！」と毎朝お化粧をするときに、鏡の自分に話しかける習慣をつけましょう！　本当にきれいになってきます。まずは自分がそう思ってあげることです。それだけでも自分にたっぷりの愛を注いでいることになります。

これはスピリチュアル的にも真理です。宇宙の法則「引き寄せの法則」があと押ししてくれています。「私は可愛い！」「私は美しい！」など、好きな言葉を連呼してみてください。とてもいい気持ちがします。素敵な自画自賛です。

まずは髪の毛から美しくしましょう！

髪は女の命と昔からいわれています。大切なところです。つややかな美しい髪をつくるには、化学製品のシャンプーやリンスはやめましょう！　アロマや生薬のシャンプーやリンスを使いましょう！　これを毎日使うとつややかな美しい髪に変身します。髪を染めたいときは、ヘナかマニュキアにしましょう！　髪の毛を傷めません。髪の栄養として、海藻を食べましょう！　昆布、わかめ、ひじき、もずく、海苔、あおさなど、海藻は黒々として健康的な髪をつくります。

次は大事な顔です。一番気になるところです。人がお互いを認識する部分です。

残念ながら私達は、自分の顔を直接見ることができません。顔は相対する相手が見るのです。自分ではありません。だから相手が見て心地よい顔にすることが大切です。可愛いっぱいの笑顔は最高の表情です。相手を精一杯の愛を込めて受け入れる表現が笑顔だからです。これはどんな顔のつくりの人にも共通な、きれいになるためのコツです。

笑顔美人になりましょう！　自分の目の前に来る方を笑顔でもてなしましょう！　ブスッとしていると美しくなれません。

いい気分でいることが一番の笑顔の元です。

化粧品は、自分の好きなものを使えばいいのですが、髪の毛と同じように、なるべく化学薬品が大量に含まれていないナチュラルなものがいいと思います。気に入ったアロマや生薬の化粧品をいろいろ試してみましょう！　皮膚が自らどれがいいかを教えてくれます。気持ちがいいと、もちもちしっとりした皮膚を見せてくれます。がさがさしわしわの皮膚は、気持ちよくないと言っているサインです。よくよく身体と対話してみるとわかりやすいです。

私が今はまっているのが、自分でつくるアロマの化粧品です。ファンデーションやチークや香水を自分で調合してつくる、とてもいい香りのマイ化粧品です！　フラメンコを教えてもらっている先生がアロマセラピストなので、教室に通って楽しく作っています。あなたもいろいろ楽しんでみませんか？

今ちょうど鏡台で原稿を書いています。自分の顔をちらちら見ながら書いているのです。どうしたら可愛くきれいに見えるかをチェックしながらなので、この文章の中にそのエネルギーがあふれていると思います。

もちろん何といっても一番大切なのは食べ物です。食べているものが身体をつくっていますので、新鮮でパワーのある食べ物をおいしくいただきましょう！

「天の舞」の海が見えるカフェでも、沖縄の地産地消の材料を使った、おいしくてヘルシーなやさしい食事と飲み物を提供しています。

皆さんも毎日食べるものにちょっと気を遣ってみましょう！　だんだん身体が敏感になってきて、食べたいものがわかるようになります。

そして食べ物と同じくらい大切なのが、姿勢です。

姿勢はバレエから学んで美しいオードリー・ヘップバーンをお手本にしましょう！

日本人が大好きな映画『ローマの休日』を観て、彼女の美しい姿を研究しましょう！　同じ体型でも、姿勢や仕草で美しさが変わります。マダム由美子著『オードリー・ヘップバーンの気品ある美しさ』（総合法令出版）には『ローマの休日』のＤＶＤまでついていて丁寧な解説が載っています。

バレエもですが、フラメンコでも姿勢を大切にします。お尻をきゅっと締めて、胸を張って肋骨を締めるのです。ヨガの山のポーズもお勧めです。

さらに私が最近はまっている美しくなるイメージ療法をご紹介します。吉丸美枝子著『20歳若くなる！　フェロモンボディのつくり方』（講談社＋α文庫）を読んで、さっそく美乳づくりにチャレンジです。

胸の筋肉を鍛え、胸に体中から集めてきた脂肪をのせ、女性ホルモンを活性化するツボを押すというやりかたで、著者はAカップからGカップになったそうです。おなかや二の腕の脂肪さんに「あなたは本当は胸なのよ～」という語りかけに共感しました。

さぁ、あなたもエレガントビューティのきれいな女性になりました。

もう一度、この章を読まれて、恋愛も結婚も楽しんでくださいね！

人生は舞台、あなたが美しい魅力的な主役です！

第5章

家族みんなで幸せになりたい人へ

家族を好きになれない人へ

家族が好きになれないあなたは、
人生にとても難しいハードルをセットしているチャレンジャーです。
一番リラックスすることができるはずの家族と波長が合わないという、
かなり難しい課題をこなして
大きなお仕事をする人生のシナリオを書いてきているからです。
孤独を感じながら、人生をはじめていますが、
必ず、家族以外の気の合う仲間に出会えますから大丈夫です。
人のために社会でご活躍ください。
そんなチャレンジャーのあなたにブラボー！

家族を好きになれないのはとてもつらい人生のハードルだと思います。今までよく頑張ってきましたね！　でも、だんだん大人になって社会に出るようになると、気の合う仲間、ソウルメイトに出会うことができてほっとしますから、波長の合わない家族がいてもがっかりしないでください。あなたが悪いのでも波長の合わない家族が悪いのでもなく、シンプルに「波長が違う」「色が違う」だけなのです。

社会に出ると、好きになれない人はたくさんいます。好きになれない家族といることで早めに人と自分との違いを認識できるようになって、いろんな人と交流する練習をしているのだと思います。

本来は、母親から「人間を信頼すること」を学ぶので、母親を好きになれない方は「人間不信」という重い課題を人生のテーマにしています。過去生で人から裏切られた体験がかなり濃く残っていて、なかなか人を信用できないパターンがあります。たとえば子ども時代に母親を好きになろうと頑張って、何度も裏切られてつらい目に遭います。それでも自分の母親なのだからと何度も健気にチャレンジします。

私も母親との関係でずっと悩みました。約三十年間葛藤し続けたので、精神がかなり鍛えられたと思います。

子どもが親を選んで生まれてくると聞いたときには、とてもショックでした。自分から苦手な母親を選んできたと思えなかったからです。それでも医師になれたのは教育熱心な母のおかげなので、医師になるためには母親の教育への情熱がどうしても必要だったのだと認められるようになりました。

幼い頃、『母をたずねて三千里』を読んで、きっと本当の母親が別のどこかにいるに違いないと思っておにぎりを二個作り、腰に巻いて裏山に捜しに行ったことがあります。現実的な弟が「ママはお家にいるよ！」と言いながらおにぎりにつられてついてきました。結局は家に帰って、庭でおにぎりを弟と一緒に食べました。懐かしい思い出です。

実は、聡明で美しく教養が深くて何でもできる母を尊敬していました。でも、髪の毛を女の子らしく伸ばしたくても、「啓子は背が低いからショートがいいのよ！」とさびた裁ちばさみを持ちながら追いかけてきて切られる怖さもありました。今やっと髪を長く伸ばすことができて、長年の夢が叶いました。大満足です。母親がずっと反対してくれたおかげで、今長い髪にできた感動がひとしおです。つまり、喜びを大きくするための演出として親との葛藤もセットされているのです。

クリニックには、私と同じように母親との葛藤に悩む患者さんがたくさんやってきます。引き寄せの法則なのでしょうか、同じ体験をしてきた医師をめがけて来てくれます。もちろん私は体験ずみなので、その方の苦労がとてもよく理解できて、解放のお手伝いがスムーズにできます。人生一切無駄なしです。

人間関係の元は「信頼」なので、母親との間に葛藤があると、強い自己嫌悪が自然に芽生えてきてしまい、友達がなかなかできない悩みで苦労します。しかし、少しずつ自分を信じることができ、友達もできるようになると、一気に乗り越えていきます。友達ができるとともに母親との葛藤も薄らいでくるのです。ハードルが高い分、乗り越えられるとその道のベテランになり、どんなタイプの人とも交流できるようになるのです。

父親との葛藤の場合、父親が酒乱だったり、暴言を吐くタイプだったり、大声を出すタイプだったり、性的ないたずらがあったり、逆に無口でしゃべらなかったりするなどして、いつのまにか父親との距離ができ、まったく関わらなくなることもあります。

父親からは「社会性」を学びます。不登校や引きこもりのケース、そして男性恐怖のケースでは、必ず父親との葛藤があります。父親と会話をするようになったら、男性に対する恐怖心が消えて彼氏がすぐにできた方もいました。積極的に父親と交流することは、自分の中の社会への不安や恐怖と対面して、それを乗り越えることになり、少しずつ社会へ出ていけるようになるのです。

このように、親との関係性は、人生においてとても大切な部分を担っているのです。そこで私は、感情の解放がたくさんできる「インナーチャイルドの癒しのワーク」を思いつき、各地で講演会とともにやっています。

「インナーチャイルド」とは、自分の内なる子ども、感情の象徴、自分の本当の気持ち、本音のことです。3歳くらいの子どものイメージをして、自分の本音を感じてみる瞑想やワークをするのですが、お互いに代理母、代理父、そして自分自身のインナーチャイルドと三人で愛の言葉かけやハグをして、癒されるというワークです。

本当の両親がしゃべってくれているかのような愛の言葉かけがお互いにできて、とても不思議で深い癒しになります。このワークをやってきて、さらに親との関係性の大切さを感じました。多くの人が泣ける深い癒しのワークです。

結婚と同じように、親子の関係性も、自分の心の中が映し出されています。

自分が自分をどう思っているかが、親を通してしっかりと表現されてくるのです。

自分を信頼しているかが、母親との関係に映し出され、社会へどう関わっていけるかが父親との関係に映し出されてくるのです。

同じ親を選んで生まれてきても、兄弟姉妹それぞれに親のイメージが違います。兄弟姉妹との関係も濃い、薄い、いろいろです。それぞれ同じ親を選んできていますが、縁が薄い兄弟姉妹は過去生での体験がありません。過去生で親子だったり、兄弟姉妹だったりすると、濃い関係が今生でも続きます。

妹が姉の世話をよく焼き、一緒にクリニックにもいらしていた仲よしの姉妹の場合は、やはりヨーロッパの時代の過去生でも妹さんが母親でしたし、江戸時代には姉だったという深い関係性が出てきました。今生であまり交流していない兄との過去生が全く出てこなかったので、それもまた納得でした。

あなたに縁の薄い兄弟姉妹がいたら、同じ親を選んだけれどお互いにはあまり縁がなかった過去生を持っているのかもしれません。ですから、無理に仲よくしなくても、自然体で接していて大丈夫です。

あるケースでは、兄とは縁が薄かったのに、兄が結婚した兄嫁ととても意気投合して仲よくなり、兄嫁から私の本を紹介されて二人でクリニックにいらしたケースがありました。過去生を見るとチベットで一緒に修行をした仲間だったので、「やっぱり！」とお互いに嬉しそうにしていました。

仲よしの家族は、昔も家族だったのでしょう。反対に、うまく波長が合わないのは、初めて家族の体験をするからかもしれません。それぞれ親との縁でつながった家族です。たとえお互いに結婚して疎遠になっても、ときどき冠婚葬祭で再会しなければなりません。そのときにできる最高の笑顔で接しましょう！　その笑顔で愛の循環が始まります。

嫁姑問題に悩んでいる人へ

「結婚」というチャレンジをして、
嫁姑問題で高いハードルを越えようとしているあなたにブラボーです。
まずは愛しい夫を産んで育ててくれたことに対して、姑に感謝です。
息子に愛情をたっぷりかけてきたお姑さんは、
あなたに取られたような錯覚があると思います。
あちらを第一夫人だと思ってちょっと立ててあげましょう！
何ごとも教えてもらう姿勢を示すとうまくいきます。
嫁姑問題は、よくある悩みです。
同居の場合は、さらに交流が濃いので、いろんな場面が出てきます。
過去生の親だと思って対応してみましょう！　必ずいい流れになります。

結婚してやれやれと思っていたら、お姑さんとの関係がうまくいかずに戸惑っているあなたに、ほっと安らぐヒントを差し上げましょう！

今回の人生では嫁姑の関係ですが、もしかしたら、過去生で本当の親子だったことがあるかもしれません。あるいは、嫁姑が逆転しているかもしれません。いろんな縁の可能性があることを知っていると、とても気持ちが楽になります。心に余裕ができて、何があっても大丈夫なおだやかな状態になれます。

何よりも大切な夫を産んで育ててくれた母親です。それを思うと自然に尊敬と感謝がじわりと出てくるでしょう。

世間では一般的に、「嫁と姑は仲が悪い」という、当たり前のような社会全体の強い思い込みがあります。それを先入観として持ってしまっていませんか？　これをまず外したいと思います。

その思い込みを右手の上にふわりとのせてみるイメージで、ふうっと軽やかに息を吐いて吹き飛ばします。今すぐにやってみてください。これで潜在意識にしっかりはまっていた、マイナスの思い込みを外してしまいました。もう大丈夫です。

それからしばしよく考えてみると、自分たちは結構仲よくしているほうだと思えてきませんか？　世間の常識をそのまま鵜呑みにして、自分にあてはめるのをやめると、とても楽になってうまくいくようになります。世間のマイナスの思い込みというフィルターを外して、風通しをよくしましょう！

特に、過去生で本当の親子だった場合、実の母親よりも仲がよいことがあります。実の母親との関係で悩んで来院するケースのほとんどが、結婚している場合はお姑さんと仲よしでした。

あなたのお姑さんは、もしかしたら、過去生で実の母親だったかもしれません。おめでたくそう思い込んでみると、見方が変わり、違って見えてきます。姑に対する不思議な親近感が湧いてきて、本音が言えるようになり、交流が楽になるのです。

「お母様、これはどうしたらいいのでしょう？」

「お母様、このおかずの作り方、私にもぜひ教えてください！」

と「お母様」を連呼すると、自分もその気になりますし、姑も自分が認められ、大事にされている感じがして、お互いにとてもいい気分になってきます。

ニコニコ笑顔で猫のように擦り寄ってみてください。

笑顔で話しかけると、とても可愛いお嫁さんのイメージに変わります。

笑顔で溶かす作戦です。

もしかしたら姑は、過去生ヨーロッパで、修道院の先輩や修道長だったかもしれません。どうりで厳しくしっかりと指導してくれています。そう思い始めるだけで、笑いや余裕が出てきます。どうぞお試しください。特に厳しい指導をされるお姑さんの場合にぴったりの解説だと思います。

過去に来院されたケースで、厳しいお姑さんに疲れていた女性がセッションを受けてみたら、やはりヨーロッパ時代に修道女で、そのときの修道長が今のお姑さんだったということがありました。彼女はある修道士を好きになりましたが、それはもちろん反対されて、うつになってしまったときに助けてくれたのが修道院長でした。その時代の人々が今同じ家族になっています。今生は、修道士さんが夫でその母、つまりお姑さんがなんと助けてくれた修道長だったという過去生の恋の続きが今展開されていました。見事な人生のしくみです。

魂の通訳として、彼女の魂さんが知らせてくれた過去生のイメージを見ると、修道女のほかにもチベットの僧の時代や日本で尼さん時代がありました。確かに今でも修行傾向がしっかりと見られます。修道長をお姑さんに選ぶことで、しばらくは修行のようなプロセスが進みますが、やがては卒業して人生を楽しむ流れに変わるシナリオになっていました。きっと過去生からヒントをもらって、その流れに変わっていくのでしょう！

お姑さんが、江戸時代の大奥の台所の先輩だったケースもありました。やはり台所に関することだけは厳しいということで納得され、大笑いしたら、それまでのストレスが見事に解放されて、とてもすっきりと笑顔になりました。

お姑さんが、異常にやきもち焼きで困っているケースの場合、中国の過去生でお姑さんが第一夫人でお嫁さんが第二夫人だったということもありました。やきもちを焼くのは当然だと納得し、第一夫人として立てるようになったら、関係性が落ち着いてきました。

これまでの解説をヒントに、あなたとお姑さんの関係を分析してみて、どのタイプかがわかると、ふっと笑いがこみ上げてきて、気持ちが楽になってくるかもしれません。

嫁と姑は、どこかできっと縁のあった魂の再会です。今回の人生は、嫁姑の縁ですが、どんな組み合わせになるのかわからないのです。お互いにソウルメイトであることは確かです。

改めて縁のあるソウルメイトを受け入れてみましょう!

そして新しいプラスの思い込み「夫のお母様と仲よし!」をインプットしましょう! 三回唱えると潜在意識に入りますので、ぜひ言ってみましょう!

また、何よりもあなたの方が、お姑さんよりも若いのですから、いずれはわが天下になります。それまでにできるだけお姑さんから、人生の先輩としての生きる知恵を吸収しましょう! 尊敬して教えてもらった方が断然お得です。

「お母様、ぜひそのコツを教えてください!」

明るい嫁姑関係にブラボー!

子どもに悩んでいる人へ

あなたの子どもが不登校やいろんな問題で悩んでいるなら、
きっと家庭のひずみを教えてくれているのだと思います。
学校でのストレスから家にいることを選んで、
学校へ普通に行く体験とは違った体験を魂が望んでいるのです。
「待つ愛」を学べるチャンスです。今までの家庭のあり方が、
その子のおかげで見直されて、もっと自然体に変わってきます。
子育てのあり方や教育の意味を検討するチャンスでもあります。
本人と家庭の素敵なエクスタシーチェンジにブラボー！

まずは、あなたの子どもがどんな悩みをかかえているのかをインタビューしてみましょう！　特に不登校の場合は、学校でいじめがないかどうかを必ずチェックしてください。

本人がなかなか悩みを言わないときがあります。面と向き合うと尋問されているような感じになって緊張してしまいますので、子どもをドライブに誘ったり、公園のベンチに並んで座ったりして、ゆっくりと話しやすい状況をつくりましょう。

たとえ黙っていても、子どもの心にはいろんな気持ちがたくさんたまっています。話し出すまで「待つ愛」も大切です。一緒に黙ってゆったりとした音楽を聴いたり、自然の中でいろんな音を聞いたりしても、心が次第にほぐれてきます。

自然の中には、いろんな命が息づいています。その輝きを感じることも癒しになります。自然に触れさせてあげましょう！　花や木や鳥や蝶の生きている様子に触れるだけで、自分たちのいのちも共鳴して生き生きとしてきます。

私自身もなかなかしゃべらない子どもでしたので、無口な子どもの気持ちがよくわかります。心の中ではとてもおしゃべりなのです。しかし、今ではたくさんの人の前で楽しく話をする講演までするようになりました。子どものころの無口な自分が信じられないほどの変化です。

先日十六年ぶりにクリニックに来てくれた患者さんと再会しました。最初に出会ったのは、彼女が女子高生のときで、二十二年前になります。不登校で、カウンセリングに来てもまったくしゃべりませんでした。いろんなやり方で心と身体をほぐしていくと、やがてぽつぽつと話せるようになり、少しずつ心が開いてきて、カウンセリングはいったん終了になりました。

その彼女が沖縄に一人で再診を受けに来たのです。古いカルテを出して、十六年ぶりの再会でした。「沖縄は三回目だけど、今回が一番印象的で好きになったわ！　学校に行けなかったとき、灰谷健次郎さんの本に出会ってから彼の本ばかり読んで、それで沖縄が気になりだして……」と次から次へと、自然によどみなく話す彼女に感無量でした。必ず大丈夫、元気になると信じてきた信念がはじけて花火になって飛び散るような感動がありました。

不登校になるのもいろんな意味があります。生まれ変わりが早くて学校そのものに興味がない場合もあるので、そのときは静かに本人が動き出すのを待ちましょう！「待つ愛」の表現を学ぶときです。そして子どもを信じる体験もできます。不登校の子どもによって、人生が何倍にも濃く体験できるのです。

学校も社会の一部です。社会との接点になって、自分を家庭以外の場所で表現するチャンスです。自分を表現したいのに、学校で自己嫌悪や自信喪失などが明らかになってしまうととてもつらくなります。それで学校に行けなくなるなら、自分を大好きになって、自信をつければいいのです。それには心に愛のエネルギーをどんどん入れましょう！

自然の中に連れて行って自然界のいのちの輝きをじかに感じながら、パワーアップしていきましょう！　すぐには自然の中へ行けないときには、近くの公園や遊園地やディズニーランドへGOです。インナーチャイルドが癒されて元気になったら、ちょっとだけ学校に行ってみましょう！　つらくて無理な感じだったら、まだ充電が足りないのです。もっと充電しましょう！

大好きなものや元気になるものを食べたり、見たり、触ったり、体験してみましょう。できればあなたも一緒に楽しんで、ついでに自分も元気になればさらに子どもへの応援がうまくできます。直感もさえてくるので、一石二鳥です。

たとえ家庭の外に出てつらいことがあっても、家庭の中で「大好き！」「私の宝物！」「大丈夫よ！」と愛があふれるプラスの言葉をたくさん浴びさせていれば、元気が出て、いじめられても大丈夫なようになってきます。これは子どもだけでなく大人も同じです。不登校の子どもに愛を注いでいるうちに自分や夫まで愛に満たされて元気になってきます。

悩みをかかえている子どもが一人いてくれるおかげで、家族の交流不足が表に浮き出て見直すこともできます。「愛情表現が足りない」とその子が叫んでくれることで、家族みんなの愛情表現が進化するのです。

子どもが抱えるトラブルを大切に受け入れましょう！　あなたの愛情表現もぐんと成長して、大満足の人生になりますよ！　一緒に成長していきましょう！

自分以外の家族同士の仲が悪いことに悩む人へ

両親同士、親と兄弟、姉と妹など、
自分ではなく家族同士で仲が悪いケースの場合、
何とか仲直りさせなくてはと奮闘すると巻き込まれてしまいますが
彼らがバトルした過去生にきっと自分も登場していたのでしょう。
しっかりと取り組んで応援しましょう！
あまり感情が湧かないときは、まったくその時代に登場していないのです。
二人の関係を見るだけでも大いに学べるときには傍観者になります。
大切なのはどう感じるかという自分の感情です。
自分の本音を大切にしながら、家族を見守りましょう！

家族同士のバトルを見て心が痛む場合は、きっとその二人のテーマを自分も持っていたからだと思います。以前の自分を思い出して、何とかしたくなるのです。これは自然な反応なので、思いつくアドバイスをして、ともにすっきりしましょう！　自分が体験したことが役に立って、充足感が得られます。

一方、まったく家族のバトルに関心がなく、他人ごとのような感じがしたら、まったく過去生で縁も体験もない状態だと思います。不必要な罪悪感を持たないようにして、自分が気になることに淡々と集中してください。あとからきっと自分の出る幕があります。それまでは自分が気になることに集中して、ここぞという出番を待ちましょう！

最近のクリニックに来院された人の中で、アルコールに依存している兄のことが気になって弟がセッションを受けたケースがありました。離婚のあと落ち込んで酒びたりの状態が続いてあちこちの家族に絡んだ兄を何とか助けたいというのです。

過去生を見ると、弟は江戸時代の終わりころ、長崎でポルトガル人の商人を担当する役人でした。そのポルトガル人が今生の兄だったのです。彼にぴったりの遊女を紹介したらぞっこんになってしまって、なかなか本国に帰らず、やっと戻ったら妻が別の男と逃げてしまってうつになり、酒びたりになったというイメージが出てきました。今生ではその遊女とめでたく結婚できたのですが、気の強い女性だったのでバトルが続きついに離婚、また今生も同じように落ち込んで酒におぼれてしまったのです。

セッションでは、さらに江戸時代の感情を解放していきました。

弟自身の不必要な罪悪感をアロマとクリスタルで癒したら、パーッとハートの部分からまぶしい光があふれ出て、顔も明るくなりました。兄のことが心配で来たのですが、自分の罪悪感をすっきり解放することで、兄にも光が届いて癒されたと思います。

家族のことが気になるときは、過去生のどこかの時代に関わっています。だから人ごとのように思えなくて心配し、何かしてあげたい気持ちになるのです。相手の魂が体験したいという意思があることを信じて、祈りましょう！　バトルしている二人に祈りで愛を注ぐことが自分への解放につながり、自分の心の中のブロックも溶けて楽になります。

家族内の葛藤も、究極は自分の心の中の投影なのです。懐かしい昔の自分を見せてくれています。しっかりと愛を持って葛藤している二人を観察し、二人が仲よく和解して笑顔で話しているイメージをしましょう！　それが応援の祈りになります。仲よくしているイメージをするだけで、自分の中にもあった葛藤のパターンが外れて、新しいプラスのイメージに置き換えられます。

これができれば、家族のバトルが繰り広げられても、「ごくろうさまです！　私の心の中を大々的に見せてくれてありがとう！　おかげでこれからぐんとよくなります！」といった気持ちで素敵な余裕が出てきます。家族を温かく見守ることが、家族への愛の祈りになります。あなたの愛がきっと仲直りへの応援になります。

家族の環境が変わった人へ

ご主人が急に転勤になって、一緒について行くか、単身赴任にしてもらうかを
決めかねている方、どうぞできるだけついて行ってあげましょう！
どうしても子どもの学校の件などでうまくいかないときは仕方ありませんが、
できるだけ家族は一緒にいるのがベストです。
どうしても無理なときは、
密度濃く会える段取りやコミュニケーションの工夫をしましょう！
ご主人の両親と同居生活がはじまる方、あるいはもうはじめている方、
さらに人生が濃く、上級クラスになってきました。
きっとあなたならうまくいきます。大丈夫です。
乗り越えられないハードルはセットされません。
気楽に楽しくどんな役もこなせるあなたは素敵な女優です！

ご主人が急に転勤になって、びっくりされていますか？　喜んでいますか？
転勤先が住んでみたいところだったら、きっとあなたは喜んで一緒に引っ越すと思います。でも、もし住みたくないところだったら、子どもの学校などを理由に単身赴任してもらうコースになると思います。

ご主人が急に沖縄に転勤と決まったある家族は、迷わず全員が沖縄についてきて、沖縄らしい体験を楽しんでいました。子どもたちはエイサー（太鼓）にはまり、奥さんは三線（さんしん）にはまり、新人発表会にまで出ました。沖縄を堪能して、ご主人のさらなる本土への転勤まで、しっかり楽しんでいました。

転勤先がどこかということで、家族の反応が変わってくると思いますが、ぜひ子どもが中学生になるくらいまでは一緒に移動してみてください。高校生以上になると、それぞれの事情で変わってくると思います。家族みんなでそれぞれの思いを言ってみることです。「子どもだから……」と親の言うとおりに決めつけないで、どんな気持ちなのかを聞いてみてください。子どもたちも、自分の言葉で表現することで気がすむ場合があります。前述したように、子どもは親を選んで生まれてくるので、転勤族の親を選んできているということです。

親が転勤する場所と、ついていく子どもの魂のふるさとが一致する場合は、子どもの人生がダイナミックに展開していきます。

転校してからひどいいじめにあったり、あるいは親友を見つけてとても幸せな学校生活になったり、いろいろです。

転勤による子どもの転校も、子どもの魂が望んでいて、しっかり人生のシナリオには書かれていることです。だから安心して、転勤の流れに乗ってください。

ある家族は、離島に転勤が決まって、悩みに悩んで家族みんなで移り住むことになりました。そこで家族ぐるみの濃いつき合いがはじまって、思いがけない幸せな毎日を送っています。

もう一度言います。転勤する親を選んで、子どもは生まれてくるのです。安心して夫婦でどうするかを選んでみてください。ワクワクの面白い人生がはじまる！　そう思えば、本当にワクワク面白い毎日になっていきます。

人生すべて思い込みです。

素敵な楽しい思い込みを増やしましょう！

転勤も転校も楽しい、引っ越しは最高！　魂のふるさとへＧＯ！

環境の変化は、転勤以外にもあります。夫の両親と同居がはじまった方、あるいははじめている方もいるでしょう。長男の嫁になったからには一応覚悟はしていたけれど、実際にそのときを迎えて不安になっているあなたへ。大丈夫です。これも予定通りです。そしてあなたの偉大なる魂さんが選んだチャレンジのコースがいよいよはじまるのです。もうそろそろ大丈夫というベストタイミングを迎えたのだと思ってください。あなたの魂さんを信じて「大丈夫！」と思うことで、覚悟ができて余裕が生まれます。

人生には必ずチャレンジがあります。だからこそ私達は進化できるのです。

夫のご両親を自分の人生の応援団だと思い、味方につけようという考え方をすると、あとがとても楽になります。

新しい見方、新しい思い込みも人生の実験です。どう思うと、どんな感じになるかを日々やってみましょう！　自分の思いで流れが変わることが必ず実感できます。

この感覚が身につくと、人生の達人へのプロセスに入ります。

そして人生が舞台であることもきっと実感できるでしょう！　あなたは素敵な女優です。どんな舞台になるかはあなたの思い方次第です。夫のご両親を、悪役ではなく自分の味方の役にしてみるのです。思い方を変えるだけで楽しい舞台に変わってきます。人生そのものが舞台だと思えたら、ほかの問題まで楽しくワクワク思えてくるでしょう。

あなたの人生の舞台では、あなたが主役です！

介護や子育てで押しつぶされそうな人へ

今まさに介護をしている方、本当にありがとうございます。
介護は、かけがえのない愛を与える大切なお仕事です。
無条件の愛の実践の場です。
介護の体験を今回の人生に選んだあなたの魂さんに尊敬を込めて、ブラボー！
やっと介護が終わった方、どうぞゆっくり休まれてください。
これからは、自分の夢実現のために人生を楽しみます。
どんなことをやりたかったのかを思い出して、次のステップへGO！
そして家族のために自分が犠牲になっていると思っている方、
犠牲ではなく楽しくできるように思い方を変えてみましょう！

介護は、与える愛の場そのものです。いろんなドラマが展開します。仕事を休んで親の介護をしている方、どんな出世をした人よりも尊い仕事をしています。直接、愛に関わることだからです。愛の表現力や愛の深さが増してきます。

人知れぬ愛の実践なので、いわゆる陰徳を積むことになり、自分の波動も上がってきます。介護される方も愛を受け取る体験になって、受け取り上手になります。相手に愛を与えるチャンスを提供して、過去生での恩返しができます。そして、恩返しが終わったときに、介護もちょうど終わるようなタイミングになっています。

47歳で歌のオーディションに応募して、予想外の素晴らしい歌声に感動的な喝采を浴びたイギリス人のスーザン・ボイルさんも、母親の介護を十七年間やり終えました。生前の母親からのアドバイスもあり、歌手になりたいという夢が叶って、CDが出て、日本のTV番組にも出演してくれました。彼女の『翼をください』の英語バージョンは素晴らしくて涙が出ます。91歳で光になった彼女の母親もきっと応援していると思います。

クリニックの患者さんで、母親の介護を二十七年間もやりとげた女性がいました。

スーザンさんと同じように、兄弟姉妹の中で自分だけ独身で自然にそうなったのですが、それも魂さんが体験したかった予定の通りでした。

過去生で親孝行のチャンスを逃がした分、まとめて親孝行ができたのです。

大きなハードルを越えたように気持ちがほっとして、それからは自分の夢実現のためにプロセスが進みます。魂の宿題が無事に終わって、魂は大満足です。

介護には親を看取ることがセットです。悲しくてつらいだけでなく、ハードルを越えた充足感があります。ほっとした安堵感もあります。看取ったあとは、しばらくは疲れが取れるように休息と癒しのコースを自分の好きなように選んで、エネルギーをチャージしてから、次の夢実現コースへ進みましょう！

介護をしてもらった方が光に帰って、あなたの夢実現を応援してくれます。不思議に流れがトントン拍子にうまく進むときは、きっと介護をしてもらった恩返しに応援団として天使をたくさん引き連れてきてくれているのです。まさに愛の循環です。愛を注ぐと、びっくりのところから何倍も多くお返しが届けられるのです。

介護をしているあなた、きっといいことが待っています。安心して丁寧な愛の介護を続けてください。介護をやり遂げたらほっとしてなんとも言えないすがすがしさと、充足感に包まれます。決して人生で損をしていません。大いに得して徳を積んでいます。たとえ相手の意識がはっきりしていなくても、魂はすべてを知っていて覚えています。相手の守護天使さんも、あなたの献身的な介護の姿に感動して涙ぐんでいます。そばで不思議な温かさを感じたら、天使さんが感動してまわりの波動が高まっているからです。

あなた自身も天使のように輝いていると思います。

介護に疲れたら、花を飾ったり、クリスタルを触ったり、散歩したり、自分の癒しや自分への愛も忘れないでください。あなたが倒れたら、介護される方も途方にくれてしまいます。

悲しいことではありますが、介護は一生続くわけではありません。期間限定です。だからこそ後悔しないように力を注ぎましょう。

家族のために犠牲になって生きている気がする方は、家事や子育てが生きがいではなくつらい体験に感じているのでしょうね！　本当はとても楽しいはずなのに、結婚したい人にはうらやましい生活をしているはずなのに、どうして犠牲だと思ってしまったのでしょう？　きっといくらやってても認めてもらえなくて心が寂しくなってているのでしょうね！　それは、魂の宿題をやっているのだと思います。これも予定通りなのでしっかり終わらせてしまいましょう！　自分は覚えていなくても、魂さんが決めてきたことなので、「ヨッシャ～」で明るくやり遂げていきましょう！　あなたの魂さんのことですから、その後に楽しいことを予定に入れているはずです。楽しみにしていましょう！　どうせやるなら、介護も家族のための仕事も楽しく「ヨッシャ～」です！

守護天使さんもニコニコ同じポーズを取って応援しています。

あなたにブラボー！

ペットとの人生を楽しみたい人へ

ペットを飼っている方が増えています。
あなたのペットはワンちゃんですか？　猫ちゃんですか？　それとも両方？
みんな大切な家族です。かけがえのない家族の一員です。
いのちとしては同じなのです。あなたと一緒に暮らせてとても幸せなのです！
人間になる前に、大好きなペット（動物）を
体験していたことが気に入っていたかもしれません。
みんなそれぞれに性格が違っています。
いのちとしてお互いに大事に愛を込めて交流しましょう！
愛を込めて目を見て優しくなでながら対話をすると必ず通じ合えます。

ペットは大切な家族です。愛くるしさで和みます。癒されます。かけがえのない存在です。ペットも飼い主を選んでくるのです。あなたとの縁が濃いのです。

我が家にも六匹のミニチュアダックスフントがいます。それぞれに性格が違ってい て、毎日いろんなエピソードがあり、人生を楽しくしてくれています。

最初は知人からいただいたオスのハッピーに父が七年間癒されました。父が光に帰ってから、沖縄にやってきたのです。父の通っていた獣医さんは「ハッピーは停留睾丸なので子孫は残さないように」と厳しかったのですが、一人では寂しそうだったので、若いお嫁さん、ラブをもらいました。宇宙犬のような変わった風貌をしていてペットショップでちょうど売れ残って待っていてくれました。

ハッピーがラブに会ったとき、やっと巡り会えたとばかりにとても嬉しそうでした。相思相愛がワンちゃんにもあるのでしょう！　ラブちゃんは五回もお産をして十四匹を産み、しっかり子育てしました。五回とも自宅出産でした。

生まれた子どもたち全員は育てられないので、里子に出してそのおかげで親戚も増えました。ときどき里親と里帰りをすることもあります。四匹の子どもたちが残って、ハッピーファミリーが元気に走りまわっています。

ペットを通じて世界も広がります。子どもがいない家庭はぜひペットを飼って子育てを楽しみましょう！　よく観察していると、過去生は絶対に猫だったのではないかと思えるワンちゃんや、黒豹だったかもと思われる風格のある黒猫もいます。

人間だけでなく、ペットにも生まれ変わりがあって、目を見つめるとわかります。飼っていたウサギが光に帰って号泣していた方に、「大丈夫よ！　また生まれ変わって来るから、目を見るとその子かどうかわかるわよ！」と伝えてあげたら、そのウサギが「いつまでも空の上でぴょんぴょんはねてないよ！」と夢に現れて、もしや生まれ変わったのかも！　とペットショップに行ったら、明らかにこの子だとわかるウサギの子どもが待っていたのです。目を見てすぐにわかったそうです。ご主人も同じときにその子を見て、絶対に生まれ変わりだと確信し、二人で決心して飼い始めました。最初は大人しかったけど、すぐに同じ仕草や動きをするようになって、間違いないとわかったそうです。「世話は大変ですが、とても可愛くて癒されます」と嬉しそうでした。

確かにペットの世話は毎日大変ですが、それを上回るほどの可愛さで癒してくれます。愛を注ぐと優しい子になります。

言葉は話せなくても、こちらの言葉は理解できています。出かける前にちゃんと話しかけているとちゃんと留守番をします。長期の旅のときにも、前もって話していると、落ち着いて待っています。ペットも、飼い主が黙っていなくなると寂しがって落ち込んだり、うつになったり、食欲もなくなります。どうせわからないからと思わずにちゃんと話をしましょう！　声に出さずテレパシーでも気持ちは通じますが、人もペットも目は心の窓です。目を見て人間と同じように優しく話しかけるとちゃんと気持ちが通じます。

近くの海に連れて行くとみんな大興奮で大喜びです。海に入りたがる子、ヤドカリと遊ぶ子、蝶を追いかける子など、遊びもみんな好みが違います。冒険が大好きな子、抱っこが大好きな子と、よく観察するといろんな性格の子がいてとても面白いのです。

ここまで書いてから、我が家の六匹の子どもたちに朝ごはんをあげて、抱っこしたりおやつをあげたり、ひとしきり遊んでお互いに大満足、最大四匹を抱っこして幸せな重みとキス攻めにあい、みなさんにしっかりペットを飼う素晴らしさを伝えたいと思いました。

不登校や引きこもりの家族がいたら、ぜひペットを飼いましょう！　犬や猫が無理なら鳥やハムスターでも熱帯魚でもＯＫです。自分よりも弱い立場の世話をしなくてはならない命に触れると、いろんな気づきがあって意識が大きく変わります。ハートから愛がたくさん自動的に引き出されて、愛の実践になります。生き物をペットとして飼うことは、自分を含めた命の不思議を体験できるのです。私達も生かされているのだということに気づくと、自分も家族も、そしてもちろんペットも愛おしく感じられます。

３・11のときに、被災したペットを一時的に預かって世話をするボランティアグループ「ドッグウッド」の存在を知って、さっそく応援と支援を始めました。『待っている犬 東日本大震災で被災した犬猫たち』（ドッグウッド／角川書店）『ロックとマック 東日本大震災で迷子になった犬』（なりゆきわかこ／角川つばさ文庫）など、ドッグウッドが出している本を見ると、涙が止まらない話ばかりです。ワンちゃんを抱きしめたまま津波にのまれた少女やワンちゃんの安否をたしかめに自宅に戻って津波に流された女性もいました。飼い主が亡くなってもずっと壊れた家で待っているワンちゃんも多いそうです。お互いの固く結ばれた絆のストーリーを読むと、いかに人とペットとのつながりが深いかがわかります。

ペットを飼っているあなたも、もう一度可愛い目を見て、どんなに愛しているかを伝えましょう！　まだペットを飼っていないあなたも、人生を豊かに楽しくしてくれるペットをぜひ飼ってみましょう！

私達からあふれる愛を引き出してくれるペット達にブラボー！

第6章

人間関係でうまくいかない人へ

職場の人間関係で悩んでいる人へ

あなたは職場に苦手な人がいますか?
うまくいかない人間関係で、どうしていいのか悩んでいる方へ、
心からエールを送ります。
それは、今回の人生で大切な、予定通りのチャレンジなのです。
それも自分から引き寄せています。
人間関係を通して、
「自己表現」と「思いが現実化すること」を学んでいるのです。
仕事は自分の能力、表現力を引き出す大切な体験の場です。
そこでいろんな人と交流し、
自分磨きにチャンレンジするあなたにブラボーです!

あなたの職場はどんな環境ですか？　いろんな才能を引き出せるチャンスがありますか？　いろんなタイプの人たちが集まっていてそれを楽しんでいますか？

上司とうまくいかない方は、「自分は上司に恵まれない」というマイナスの思い込みを持っていませんか？　うっかりどこかでそう思っていると、違う職場に行っても、違う上司との関係で、また同じような体験を引き寄せてしまいます。自分が思ったことは現実化するからです。この本の中でずっと紹介してきた宇宙の法則である「引き寄せの法則」が、私達の人生に深く関わっています。本当に自分が思ったようにその対象を引き寄せてしまうのです。

ある会社員の奥さんが「うちの主人はいつも上司に恵まれないの。部署が変わっても必ず無能な上司がいて、いつも主人はそれで苦労しています」とつぶやいていました。

本当に、ご主人が行く部署には必ず困った上司が待っていたそうです。本人だけでなく、奥さんも、さらに長男まで同じように思い込んでいたせいで、ついには息子さんにまでその思い込みが引き継がれてしまったのです。

やがてその息子さんも会社員になりましたが、同じように上司に恵まれず、苦労していました。その後、やっと小さいけれど関連会社の社長になって、親子二代に渡るチャレンジが終わりました。本人だけでなく家族も思い込みを強く持っていると、親子二代に渡って引き寄せてしまう例を見て、引き寄せの力をますます実感しました。

あなたは職場の人間関係でこのようなマイナスの思い込みはありませんか？　はっと気づく思い込みがあったら、今がチャンスです。それをプラスに入れ替えれば、一気に流れがいい方に変わります。やってみた方がお得です！

本当に思い込みを変えるだけで、日常が変化するのです。

まず、思い込みを変えるだけで、職場の苦手な人との関係を楽にしてみましょう！

「私は職場の人間関係にいつも恵まれている！　とってもラッキー！」と三回言ってみてください。

なぜ三回かと言うと、それをはっきり見せてくれた体験がありました。

ネイティブ・アメリカンの聖地、アリゾナのセドナというところに、カセドラルロックという聖なる山があります。そこから流れる聖なる川を横切ろうとしたときに、赤い石がぬるぬるしてとてもすべりやすかったのです。一緒にいた主人の友人が「気をつけてください！　すべりますよ！」と注意してくれました。

私は逆に、ぬるぬるの石の感触を楽しみたいと思って、サンダルを脱いで裸足ですべりながら楽しんで渡っていました。

その方が三回目に「気をつけてください！　すべりますよ！」と注意してくれたときに、当のご本人がすべって、見事に川の中へドボン！　せっかく必死で借りてきたデジカメを水浸しにして使えなくしてしまいました。

そのときに、かつて本で読んだ「新しい思い込みをインプットするには三回以上声に出して言いましょう！」という意味がしっかりと確認できたのです。その方には申し訳なかったのですが、とてもよい体験をしました。

ここで元気よく「これでいいのだ！」を三回言ってみましょう！

今までの自分を全部肯定することで、後悔の思いがすべて消えて、今というこの瞬間にエネルギーが集まり、とてもパワフルな自分になります。

これを応用して、「私の職場は最高！」「いつも職場に素敵な人が集まる！」「悪役大スターさん、ありがとう！　あなたはこれから私の味方に変わります！」など、思いつく楽しいフレーズを三回ずつ言って、職場の人間関係の悩みをすっきりなくす魔法を潜在意識にかけましょう！

職場での人間関係に悩んでいたおかげで、人生で大切な「引き寄せの法則」がマスターできるのです！　この本はその実践版です。人生のいろんな場面で応用できることがわかると思います。

苦手な人への思い込みを変えてみましょう！　きっと以前に嫌なことがあって、その人のことを苦手だと決めてしまったときがあったはずです。まず、その思い込みを外せばいいのです。もしかしたら、上司に注意されてむしゃくしゃして自分にちょっと八つ当たりをしていただけかもしれません。昨夜の夫婦ゲンカがまだ尾を引いているだけだったのかもしれません。案外そのときにすぐにインタビューしてみると、原因はとてもささいなことで、しかもあなたはまったく関係していないことかもしれません。

嫌な対応をされたときは、できるだけ、そのときに原因をつかむインタビューをする習慣をつけましょう。このコースが好きな方はやってみてください。

また、お互いの価値観が違っていることが原因かもしれません。波長が違うのだと思って、スルーする方法もあります。

さらには、「人の好き嫌い」の本当の意味を知ることも大切です。「人の好き嫌い」を、「波長が合う合わない」に置き換えてみましょう！

これは人間関係をもっと円滑にする大切なヒントです。

エネルギーの違いを考えてみると、もっと人間関係の意味がよくわかるようになります。嫌いな人を好きになれなくても、自分を責めないでください。あなたのせいではなく波長が合わないだけです。カラーが違うのです。違うことを認めて、楽になってください。むしろ違うことを楽しみましょう！

世の中にはいろんなタイプの人間がいて、面白くてびっくり！という調子で楽しんでしまいましょう！　面白がる思いに切り替えると、意外に気持ちが楽になってきます。

エネルギーの色が同じで波長が合う人とならきっとうまくいきます。エネルギーの色が違っていて、波長が合わない人とは、いくら努力しても最初はなかなかうまくいきません。お互いの違いに気づいてそれを受け入れたら、うまくいくようになります。

これが「統合」というプロセスです。違うものが一緒になってハーモニーをつくっていくのが統合なのです。

今は、ちょうど「統合の時代」です。

これを自分の人生にも生かすことができたら、かなり人生を楽しむことができます。職場で同じタイプの人間ばかりを集めたら、気が合うかもしれませんが、仕事においては同じことに気がつかなくて、同じところができない状態を生み出してしまいます。タイプが違うからこそ、違うところに気がついて補い合って仕事がうまくはかどるのです。

これを理解すると、自分にない優れた才能に気づいて、ほめることができます。そして、相手からちゃっかりうまくいかせるコツを教えてもらうのです。ほめたあとには心が開くので、きっと教えてくれます。そうすればあなたの才能も開いてくるので、進化することができ、お得です。この方法は楽しくなりますので、ぜひやってみてください。やり方も経験を重ねることで上手になります。人間関係も経験によって上手になるのです。

悩んだついでに、人間関係が得意な人になりましょう！

お客様・取引先との関係で悩んでいる人へ

お客様や取引先の人との関係で悩んでいるあなた、
クレームの電話が怖いあなたへ、とっておきの方法があります。
「電話をかけてきてくださって、本当にありがとうございます。
私どもがいたらないためにわざわざお電話くださって
ありがとうございます！」とひたすら感謝を相手に伝えるのです。
そうすると、相手の怒りがだんだん収まってきて、波動も軽やかになります。
コールセンターに勤める女性が悩んでいたので、
この方法を伝授したら、相手に気に入られて、
会社の評判が上がったそうです。さっそく試してみませんか？

あなたのお仕事がクレーム対応なら、とくに相手の怒りを浴びることになるので、エネルギー的にとても大変だと思います。それは、怒りの感情を納めるチャレンジです。人生のいろんな体験の中でもかなりハードルが高い方です。難しいだけに、やりがいや達成感はあります。最初はどうしても「すみません」「申し訳ありません」を連発してしまいますが、それでは自分もだんだん惨めになってきてしまいますし、相手もなんだか損をした気分になって怒りが収まらず、下手をすると怒りを倍増させてしまいます。

怒りを静めるには、「あなたがおっしゃるのはごもっともです」「お気持ちはよくわかります」と相手の気持ちを受け入れたあとに、「わざわざお電話をかけてくださり、本当にありがとうございます。これからしっかりとご意見を反映してよりよいものに改良してまいります。これからもよろしくお願いいたします」と、相手に笑顔が見えなくても、愛を込めて明るく感謝を伝えてみましょう!

電話代と時間を使ってクレームを叫んでいる相手です。そこには相手が「期待していたのにがっかりした」という思いや、「もっとどうにかできるはず」という期待、

「もっとよくあってほしい」という最高主義の思いなどが感じられます。それをキャッチして相手に伝えてあげると、受け入れられた気持ちになって、すーっと怒りが解放され、すっきりします。つまり相手が癒されるのです。

誰かに相手をして欲しいという愛を求めている気持ちもあると思います。まず、その人の感情や気持ちを受け入れてあげると、だんだん心が満たされてくるはずです。相手の状況がよくわかると必要以上に怖がらずにすみ、冷静になって対応することができます。

ここで、エネルギー的に大切なことを話しておきましょう！

もし可能なら、受話器を左耳でなく右耳に当てて聞いてみてください。

クレームや苦手な相手からの電話は、右耳で聞くようにすると、相手の怒りのエネルギーを跳ね返せて、もろに受け止めなくてすみます。興奮して怒っている相手の罵詈雑言（ばりぞうごん）は、受話器を右側に持ち替えて、少し離して聞くようにしましょう！　興奮が収まるまでしばらく耳から離しておくとこちらも楽です。左耳はエネルギーを受け入れる側なので、左耳でクレームを聞いていると、もろに相手のエネルギーが入ってきてしまうのです。これは相手が誰でも応用がききます。

大好きな相手からの電話なら、もちろん左耳で聞きましょう！

もしヘッドセットタイプなら、左側を少し浮かして、耳からずらしてみると楽になります。どうぞすぐにお試しください。かなり結果は早く出ますよ！

イメージを使う方法もお勧めです。相手の顔を好きなタイプにイメージするのです。最初は怒った顔をしていますが、だんだん怒りが減って穏やかな顔になり、最後は笑顔で「君に話せてよかったよ！　話を聞いてくれて本当にありがとう！」と言ってくれるハッピーエンドをイメージしましょう！　思いが現実を引き寄せるのですが、思いよりもイメージの方がさらにパワフルに引き寄せの力を強くします。

怒っている人を愛の力でとろけさせて、最後に笑顔にできたら、それこそ人間関係部門の金メダルをさしあげます！　それができたら、きっと相手の方は、これから最高の顧客になってくれるでしょう。口コミで宣伝してくれるようになります。だからクレーム対応はとても大切な仕事なのです。さらなる会社の発展につながるのです。

あなたはそんな難しい部門にチャレンジしているのです！　素敵！

苦手な取引先に対しても、さらなるチャレンジで、これを乗り越えることができたらもっと大きな発展につながります。クレーマーは口コミ宣伝として大切な存在ですが、取引先はダイレクトに会社への大きな利益が絡んできます。

大好きな映画『釣りバカ日誌』の浜ちゃんが、釣りという趣味を通して、難しい取引先と上手につき合って、見事に仕事までうまくいかせてしまいます。

まさに釣りの魅力で得意先をとろけさせているのです。もしあなたが得意先とうまくいかないなら、この映画のシリーズを観てぜひ参考にしてみましょう！　きっと参考になるヒントが散りばめられていると思います。

浜ちゃんのように、趣味の話題ができれば話が盛り上がり、しっかりとしたつながりができていきます。

趣味や雑学は大切な人間関係のツールになります。それには、聞き上手になることがうまくいく秘訣です。趣味にはまっている人に熱く語ってもらうと、耳学問がたやすくできます。自分には関係ないと思わないで、関心を示すと相手は話を聞いてくれる人を求めていますから、喜んで熱っぽく話し出します。本を読むよりも生のレッスンは役に立ちます。その人の何年かの経験に基づいているので、コツがつかめるのです。

ちょうど面白い映画を見ました。『イエスマン〝YES〟は人生のパスワード』というアメリカ映画で2008年の作品です。つき合いが悪く、どんな誘いにもNOという主人公が、友人の紹介で「あらゆることに『YES』と答えるセミナー」に出てから、なんでもYESと言ってみる人生に切り替えたら、毎日がワクワク面白い展開になってくるのです。YESと言ってみる流れでいろんな人々とつき合い、受け入れることで人生が楽しくなり、会社をクビになるところが、出世ができて、パートナーも見つけます。

もちろん全部を「YES」と言ってしまうがゆえに笑える問題も起きますが、人生をすべて肯定する生き方には、「人生一切無駄なし」という考え方が根底にあって、まさに「すべてはうまくいっている!」という魔法の言葉の大切さを映画で表現してくれていました。

心配症の人は、何を言われてもつい「NO」と言ってしまう傾向があります。映画を観ているとはっきりわかるのですが、「NO」と断ってしまうといろんなつき合いがなくなり、一人孤独で寂しい人生になります。得られる体験も少なく、人との話題もなくなります。

「YES」と言う人の方が、断然体験が豊富になり、いろんな人とつき合えます。体験が多いほど、人間関係が上手になり、人生の達人になっていきます。

人生に「YES」を増やして、いろんな体験をしてみましょう！

あなたの答えは「YES」ですか？

友人関係で悩んでいる人へ

仲がよかった友人とギクシャクしているあなたへ、
しばらく気が合ってその間はとても仲がよかったかもしれませんが、
それぞれの波長が合わなくなったので、
それがギクシャクするように感じたのだと思います。
これはどちらが悪いのでもなく自然の流れです。
そのまま疎遠になって、また波長が合う日までそれぞれの道を歩みましょう！
またどこかで再会があるかもしれません。
それもまた劇的で楽しい人生のイベントです。
「来るもの拒まず、去るもの追わず」です。

人生が大きく変わるときに、人間関係も自然に変わります。仲がいいのは気が合うからです。世界観や価値観が同じで関心を持っているものがちょうど一緒だと意気投合します。関心を持っているものが違ってくると、縁が遠くなるのは自然なことなので、あまり深く悩まないでください。人間関係はさらりとした方が、お互いに悩まずにすみます。いろんな人と交流していろんなカラーを体験してみましょう！

人間関係の執着をなくすと気持ちがとても楽になります。友人とギクシャクして悩むのは、なかなか友達ができないと思っているからだと思います。

友達は人生でとても大切な存在です。縁の深いソウルメイトです。でも執着してずっとそばにいなくても大丈夫です。必ずここぞという大切なときにぴったりの友達がそばにいてくれます。あなたの魂さんがちゃんと人生のシナリオの中に、ベストタイミングにベストの友達をそばに配置するようになっています。たとえその友だちと疎遠になっても、またベストタイミングに再会できます。

私自身も体験があります。親友と疎遠になって三年後に再会しました。もうそろそろ再会する時期だとお互いにわかったのがまた素敵な気づきになりました。その三年の間にそれぞれが自分の過去生の解放に集中していました。そのための三年間だったのだと後になってから深くブランクの意味を理解することができ、さらにもっと親密な関係になりました。

仲よしな親友と疎遠になるのは、もちろん寂しいことですが、お互いの成長のために必要なら、それぞれの守護天使が段取りをして、それぞれのプロセスをセットしているのだと思います。だから疎遠になることを悩まないで、お互いに成長してまた再会することを楽しみに待っていましょう！

ちょうどはまってみていた韓国ドラマ『BAD LOVE〜愛に溺れて』にも、まわりから祝福されない恋愛をやめるときに、傷ついたままではなく、お互いに傷を癒し合い、いい思い出をつくりながら別れる練習をし、潔く別れた後はそれぞれが自分の夢実現を追求しながら愛し続けるという興味深いプロセスがありました。ちょうど一年後に偶然再会した二人は、お互いに頑張っていたことを知りますが、それでもまた思い切ってさりげなく別れました。ところが怒っていた家族の理解を得ることができ、交際を許されます。二人は心から嬉しそうにこれからの自分たちの楽しい未来を語り合うという素敵なハッピーエンドでした。

最初はドロドロしていましたが、後半が癒しと償いの流れになっていくので、無理なくハッピーエンドになっています。これは人間関係の修復のヒントとして役に立つと思いました。

傷つけ合ってそのまま別れるのではなく、仲よく別れることができたら、潜在意識に感情やブロックのエネルギーが残らず、来世に持ち越すことがなくなると思います。傷つけあったまま別れたら、その傷は潜在意識に残ってしまい、再会してもその傷が痛んで、仲よくするのは難しいですが、傷を癒してから別れると、また再会しても仲よくつき合えるのです。

これは友人の場合でも恋人の場合でも似ていると思います。

日ごろ友達といたわりあって、助け合っていれば、たとえ疎遠になってもまた再会したときにスムーズにつき合いが始まるのです。

もしあなたが、今後友人となかなか会うことができなくなったら、「今はちょっと残念だけど、またいつか濃く交流できるかもしれないね！　そのときまで元気でいようね！」というような余韻のある言葉でさよならすると、とても後味がよくておしゃれな別れ方になります。

素敵な別れにするために、余韻を残しながら、「ありがとう・さようなら、またいつか会えるときまでお元気でね！」

ご近所づき合いで悩んでいる人へ

あなたはご近所づき合いで悩まれていますか？
これも考え方次第で気持ちが楽になります。私達の意識は自由なので、
ずっとご近所さんのことを考えなくてもいいのです。
ご近所さん以外のことに意識を集中させる、
つまりご近所さんの悩みを忘れることができると、
玄関を出入りする一瞬だけ思い出すことになります。
問題がややこしくなったら、江戸時代の長屋で一緒だったときに、
うっかり面倒がって塩を貸してあげなかったから怒っている
と思ってみましょう！
これを「江戸の長屋の塩事件」と楽しく考えてスルーしましょう！
塩が溶けていい塩梅です！

クリニックにはご近所さんとの悩みで来院する方もいます。隣の家の雨戸を閉める音がわざとらしいとか、挨拶しても無視されるとか、まわりから見ると些細に思えることが日常ではとても重大に感じられて悩んでいます。

もしあなたも同じ悩みを持っていたら、嘆かないでこれも必然のチャレンジだと思ってください。江戸時代の長屋でのトラブルの続きをしているのだと軽く楽しく考えてみましょう！

現代は、昔の長屋のような密接な住環境ではないので、逆にご近所づき合いが希薄になっています。気楽に話したり、行き来したりできない状態になっています。それが奇しくもこのたびの震災では被災地の仮設住宅が長屋の働きをして、人とのつながりが深まってきています。

被災地にボランティアに行ったときに、一人暮らしの人がおっしゃったのですが、避難所でいろんな人々と交流できて、とても楽しかったそうです。仮設住宅に移るとき、寂しい思いをするのではと思ったら、長屋のような造りだったのでご近所づき合いがはじまり、ほっとしたという話も聞きました。お互いにお茶に呼んで、話をしながら、情報交換もできるそうです。

ご近所づき合いは、本来日々の暮らしに楽しさを加えるものです。それがうまくいかないと、日々の暮らしにつらく響いてきます。

隣人が嫌がらせをすると思いはじめると、すべての行動や聞こえてくる音が嫌がらせだと思えてきます。そう思うほど隣の人の生活の音が大きく聞こえるようになるのです。ますますそう思えるようになって、さらにマイナスの思い込みが強くなります。こうやって、思い込みが妄想に近くなるほどふくれ上がってくるのです。

ある女性の場合は、大きな組織に狙われているとか、集団ストーカーに狙われていると思い込んでいました。無言電話がかかってきたり、そのうち本当に自宅の上空でヘリコプターがホバリングしたりするようになり、だんだん彼女の母親もそれを信じるようになって、一緒にクリニックに相談へ来ました。

まず、ゆっくりと話を聞いて、その話を信じて受け入れていることを伝えました。それから「引き寄せの法則」を説明しながら、自分が思ったとおりに自分の人生をつくっていることをわかりやすく解説しました。

彼女は、自分の考えが受け入れられたことに安堵してハートが開き、少しずつ落ち着いてきました。それから過去生療法をしてみたら、やはり過去生で江戸時代の長屋でのエピソードとイタリアのシチリア島のマフィア時代のグループ争いのシーンが出てきました。彼女は実感が湧かない様子で、何度も「先生、信じてください、本当に私は監視されていて、自宅の上空にヘリが来てホバリングをするのです！」と熱っぽく語っていました。

「大丈夫ですよ！　あなたの言うことは信じます。あなたが思ったとおりの人生が展開しているのです」と対応してほっとしていたら、同じ日の夕方に診療中、米軍のヘリコプターがクリニックをのぞきにきたのです。バリバリとすさまじい音を立てて低空飛行を行い、操縦士と目と目が合うところまで降りてきました。そのときの患者さんもびっくりして、「まるでクリニックを偵察にきたみたいですね！」と一緒にテラスに出てヘリコプターに手を振ったら、去っていきました。それが続けて二回も起きたので、カフェやショップのスタッフまでテラスに駆けつけて見ました。

私までヘリのホバリングを引き寄せてしまったとしみじみ思いました。きっと変わった面白い建物だと興味を持ったからなのでしょう！

基地で働いている友人にも、このスペシャルな体験を話しましたが、米軍のヘリが民間の家をのぞくことは絶対にないとのことでしたが、思い込むと本当に現実に引き寄せてしまうのです。

近所とのつき合いは人間関係だけでなく環境との関係にも影響していきます。

住みやすい環境づくりの一環として、おいしいお菓子を持って近所へ挨拶に行きましょう！

しかし、私自身、近所づき合いをあまりしてこなかったので、正直に言うとどうアドバイスしていいのかわかりません。それぞれのやり方があるでしょうが、自然体でいいのではないでしょうか？

少ない近所づき合いの中で、とても濃い関係を持ったのは、東京時代に隣のイギリス人の女性から英語を習ったことです。レッスンは、ペーパーバックを読むというシンプルなやり方でしたが、トム・クルーズ主演の映画の原作だったので、興味深く読めました。彼女と英語でいろんな話をすることが、とても楽しかったのを思い出します。あるとき、彼女のボーイフレンドが突然ストーカーになって大変な事態になりましたが、彼女に「インナーチャイルドの癒し」を勧めたら、彼のストーカー行為が見事に止まり、とても喜ばれました。最初はうまくいっていたのに、だんだん嫉妬深い彼の態度がうるさく感じられてさよならを言ったら、豹変してストーカーになってしまったのです。彼のインナーチャイルドが怒るほど寂しさがたまって暴力的になったのでした。

彼のインナーチャイルドをイメージして愛の波動を送り続けたら、ストーカー行為がぴたっと止まったので、彼女も私もほっとしました。それから私の仕事のことで英会話のレッスンが続きました。おかげで自分の仕事の内容を英語で説明する練習になりました。とても濃いご近所づき合いになって、素敵な思い出が残りました。

彼女の後に引っ越してきた韓国人の女性は、ご主人がアメリカ人で英語が堪能だったので、少し仲よくなりました。まだ韓国ドラマが全盛期ではなかったので、今だったらハングルを習えたのにと思います。でも韓国料理をいくつか習いました。何よりもコミュニケーションをよくしていたおかげで、別の部屋のボヤを早めに教えてもらって、大事にいたらなかったことがありました。

挨拶だけでも自然にできていたら、いざというときにスムーズなコミュニケーションができます。やはり生活の場なので、ご近所づき合いは大切です。

あなたは、今までにご近所づき合いで、印象的な素敵なエピソードがありますか？　思い出してみましょう！　そしてそれを友達と語ることで、近所づき合いの大切さを意識できるようになります。

快適な生活の一部として、ご近所さんとも気軽に挨拶やおしゃべりをしましょう！

これから築く人間関係に不安を感じている人へ

これからいろんな人間関係の中で、
どんな流れになるのかとても楽しみですね！
人との出会いから新しい世界観が広がってきます。
情報も体験も人から人へとつながりができることで楽しくなってきます。
「うまくいかない」と思ってしまうと、うまくいかない流れを引き寄せます。
「きっとうまくいく」と思えば、本当にうまくいく流れになって、
さらに毎日が楽しくなります。
「引き寄せの法則」を人間関係に活用すれば、
あなたも人間関係の達人になれます！

いよいよいろんな人間関係についての総まとめをしてみましょう！
次の12項目をまず伝授します！
これは即効性がありますので、すぐに実行してみましょう！

1 胸を開いて、背筋を伸ばして、笑顔で挨拶をする！
2 相手の名前を連呼する
3 愛を持って相手を観察し、本当に素敵なところをほめる
4 アイコンタクトをしっかり取りながら、相手の話を聞く
5 相手の話を聞いていることを態度や合いの手で示す
6 楽しい話、感動体験を面白そうに話す
7 こまめにメールをする
8 メールには早めに送信する
9 ときどき電話で話す
10 ときどきランチを一緒に食べる

11「ありがとう」をちゃんと伝える
12 ちょっとだけスキンシップをする

いかがでしょうか？ すぐにできそうな項目がありますか？

それほど難しい内容はないはずです。

まず1の姿勢をよくして、笑顔で挨拶をするには、鎖骨を前に広げて首を長くする気持ちで、できるだけハートを開くようにします。ハートから愛のエネルギー、ピンク光線があふれ出てきますので、ここを閉じると話しかけにくくなるのです。ハートを開いて、「どうぞいらっしゃい」のポーズをつくります。

その姿勢で明るく笑顔で挨拶すると、愛のピンク光線があふれて相手を包むので、とても優しいエネルギーを相手が感じてくれます。これで好感度80％はいただきです。笑顔は私達が一番輝く美しい顔です。

2の相手の名前を覚えることは、相手と親しくなるための大切な第一歩です。相手の名前を連呼すると自然に覚えます。覚えにくいときには、直感で浮かぶ素敵なニックネームをつけて呼んでみましょう！　親しみが倍増します。苦手な相手にはなおさら、かわいい名前をつけてみると大丈夫になるかもしれません。やたらとあなたにちょっかいを出してくる人には、名前を何度も呼んであげましょう！　関心を向けているあなたから何度も名前を呼ばれると、こちらが関心を持っていることがわかって安心し、あまりちょっかいを出してこなくなり、よい関係に変わってくると思います。

３については、愛を持って相手を観察すると、本当に素敵なところを見つけることができます。あら探しはすぐにできますが、素敵なところを発見するのは、ひと手間愛をかけることで見つけ出すことができます。

どんな些細なことでもいいので、素敵だなと素直に思えるところを心からほめてあげると、相手はとても嬉しくなってあっという間に心を開いて話をしてくれるようになります。それが相手のこだわりの部分だと一層嬉しさが大きくなります。この人は自分の味方だ、理解してくれると思ってもらえるからです。

そして４のアイコンタクトですが、ずばり「目は心の窓」と言われているところなので、目と目を合わせることで心がしっかりと通じるようになります。

ただ、にらまないように優しい目で見つめましょう！　あまり見つめすぎると相手も緊張してしまうので、ときどき肩や口の方に視線をそらしてみましょう。

5は、相手が話をしているときのこちらの態度についてです。「面白く聞いています」という反応が相手にわかるように相づちを打ったり、うなずいたり、聞き返したり、驚いたり、感動したときの仕草など、ちょっとオーバー気味でいいので、相手に伝わるように表現してみましょう！　聞き上手な人を観察して、素敵な反応だと思った表現をまねしてみましょう！　聞き上手は話し上手になります。

6の面白く話すことは、とても大切なことです。話題をマイナスの暗い内容から感動体験や面白い話に変えると、自然に世の中を明るくすることができます。「引き寄せの法則」を知る前は、私もどんなに自分がつらい人生を送ってきたかを自慢するような話題に触れることがありましたが、知ってからは、プラスの内容に切り替えるようになりました。マイナスの暗い内容を話していると、それをどんどん引き寄せるようになるからです。悪口を言ったり、愚痴を言ったりすることを続けていると、さらにもっと言いたくなる現象を引き寄せるのです。これは実に損です！

テレビのニュースも暗い内容が多かったのですが、少しずついい話が増えてきています。素敵な流れだと思います。テレビもサスペンスドラマばかりでなく、成功体験や暮らしに役立つヒントをたくさん提供して欲しいですね！　感動的なドラマももっと増えて欲しいと願っています。楽しい話題を振りまけるように、「私は素敵な感動的体験話によく出会う、自分も体験できる！」と決めてみましょう！　愛と笑いがいっぱいの楽しい会話を創造しましょう！　それが平和な社会を創ることにもなるのです。

7と8と9はメールや電話をまめに交換するという内容です。電話とメールを上手に使い分けるとスムーズな交流ができます。私が使っているスマートフォンはメールをするのが難しいので、スマートフォンにしてからかえって電話を頻繁にするようになりました。直接話したほうがわかりやすいことも多いのです。面倒だから電話したいと思ったときは電話がちょうどぴったりです。電話では話しにくいときは、メールがぴったりです。それぞれのよさを使い分けましょう！

10のランチは距離的に可能ならぜひ活用しましょう！　もちろんゆっくり夕食もできれば最高です。恋愛の場合は、特に夕食から発展していきます。恋愛もゆっくりとしたリズムで進みたいときは、ランチから始めましょう！　すぐにでもラブラブ体験してみたいときは、夕食からのコースやバーカウンターでの語らいからどうぞ！

友達関係なら、それぞれのタイミングでお好きなように！　一緒に食べることから親密さが深まってきます。いくら誘っても都合が悪いと断られたら、親しくしたくないサインなので無理強いはやめましょう！

11のどんな人間関係でも「ありがとう！」の気持ちを込めて必ず伝えることは、関係をスムーズに続けるための愛ボンドになります。

そして最後12のスキンシップも、握手したり、軽く肩をたたいたり、ハグをしたり、ちょっと軽く触ることで直接手から愛のエネルギーが相手に確実に伝わるので、関係性が必ずよくなります。ちょっと意識してやってみると、びっくりの効果があります。すぐにでもお勧めです。

これらに加えて、年齢や役職の上下関係をうまくクリアしたいときは、上手な敬語の使い方が大切です。敬語の使い方も上手な人から学ぶとうまくできるようになります。

12項目の基本を大切にしながら、敬語を忘れないでいれば、人間関係は大丈夫です。敬語を忘れて適当にすると、失礼な人だと思われて相手にしてもらえなくなります。

年齢や役職が上の人と違う意見を言いたいときには、すぐに反対しないで、「ごもっともです。そのお気持ちには同感です。でもこんな意見もあるかもしれません」と別の発想を優しく控えめにささやくように話すことで、拒絶されずにこちらの意見を聞いてもらえます。「かも」という言い方はやわらかさをつくってくれるフレーズなので、ご自分のせりふに入れてみてください。愛を持って相手を観察すると、自然に次に話しかけるタイミングや間の取り方がずばりわかるようになります。これができれば、バッチリです。

年上の人や上司との関係で悩まれている方、ぜひお試しください。何度もチャレンジしていると、相手の出方や雰囲気を感じて、上手に話せるようになってきます。私自身も試行錯誤を重ねて、何度も失敗しながらコツをつかんできました。もちろんいまだに探求中です。

また、子どもを通じてのおつき合いで悩んでいる方に、少しアドバイスをしましょう！

まずは公園デビューから社会へのつながりがはじまりますが、これは、子どもというより、母親の関係が直接かかわっているかもしれません。自分の子どもよりも年長のお子さんの母親に話しかけてみると、先輩のアドバイスを具体的にもらえるチャンスです。親子ともに落ち着いた感じのする母親ならバランスのよい子育てをされているはずです。積極的に近づいてみましょう！

母子ともに騒々しい感じがしたら、ちょっと距離をおいて観察してみましょう！声を荒らげて叱っている母親を観察することは、反面教師になってくれます。すべての人をよく観察すると学びの対象になります。公園デビューも役に立つのです。公園に行くのが楽しくなれば、とてもいい流れになっています。その調子で交友関係を広げていきましょう！　ちょうど自信がついたころに、保育園や幼稚園へ入園するコースへステップアップします。その後にはさらに学校が控えています。

幼稚園や学校のつながりでどうしても人間関係が必要になることがあります。とてもいいご縁の場合にはそれをきっかけにさらに発展してずっと長いおつき合いになることもあります。

うまくいかないときには、「この人間関係は期間限定」と思ってください。それだけで気が楽になります。子どもが卒業したら、自動的に親たちの関係も卒業できるからです。

子どもも親もそれぞれ人間関係での学びができて、成長ができるチャンスです。

思いの実験の場だと思って、いろんな人間関係のパターンを試してみましょう！　期間限定だから、ちょっと試してみようという思いがどこかにあると気楽に体験できますし、あとできっと役に立つと決めてやってみると本当に役に立つようになります。

幼稚園でいじめにあっていた娘さんの悩みでクリニックにいらしたケースがありましたが、それも妬みから生じていることがわかりました。あともう少しで卒園だからと気楽に思い直していたら、自然にいじめも消失して、今では希望の小学校で元気よく母子ともに幸せを味わっています。思い返してみれば、今の幸せのためのプロセスだったのだと思えるほど余裕が出てきています。

苦労があっても必ず後の幸せのためだと思って、意識を別のところに向けましょう！

人間関係は人生でとても大切で深い領域です。お互いに合わせ鏡になって、自分を見つめているのです。あなたも新しい人間関係にまたチャレンジしてみませんか？新しい自分を発見できるかもしれません。そこに生きる醍醐味があります。生きがいが見い出されてきます。人生は面白い体験でいっぱいです。

少しでもあなたの人間関係がうまくいきますように！

第7章

世の中を笑顔でいっぱいにしましょう

3・11を乗り越え、愛と笑いでユートピアに

いよいよ最終章になりました。ここでは私からみなさんに、とくに伝えたいメッセージを、熱い思いで書いていきたいと思います。

これまで読み進んでこられて、さらに素敵な笑顔になれたでしょうか？

もしそうなら、とても嬉しいです。自分が笑顔になると、まわりの人にも笑顔になって欲しいと願うようになります。

私は愛と笑いの癒しをずっとやってきました。「笑いの天使」として、さらに多くの人々に笑顔になって欲しいと強く思っていたときに、3・11の大きな揺さぶりが起こりました。

実は私は、30メートルの大きな津波が襲ってきてすべてがのみ込まれる夢を小さいころから何度も見てきました。その不思議な夢に導かれて、沖縄に移住したのです。

もしかしたら夢の中で見た巨大な津波は、一万二千年前のムー大陸の話かもしれま

せん。沖縄もハワイもムー大陸の一部だとする説があります。あるいは、今回の東日本大震災のことを暗示していたのかもしれません。両方の可能性があります。いずれにしても、自分の人生のひとコマとして、クリアに迫ってきました。

これはきっと大きなうねりが起きて、新しい流れが始まるのだと思いました。そして本当にそうなってきました。ますます愛と笑いが必要とされるようになり、平和で笑顔いっぱいのユートピアの道へ進む方向に一気に舵が切られ、加速されたような気がします。大きく社会が素敵な方向へ変わろうとしているのです。

東日本大震災では、**日本国民全体が大きく揺さぶられて、被災した人々のために何かしたいという気持ちが引き出されました。大惨事は多くの人々から愛を引き出します。**みんなが一斉に寄付をしたり、ボランティア活動をしたり、いろんな愛の形が表現されて感動しました。自衛隊の方々も献身的な活動をしてくださって、本当に感謝です。**みな、それまでの不満や愚痴がすっと消えて、自分の立場への感謝の気持ちが自然に出てきました。ないものねだりしていたことが恥ずかしくなって、自分は恵まれていたのだと気づき、あっという間に反省しました。自分でも何かをしたいと純粋**

な気持ちが出てきて、愛のネットワークが始まったのです。

どんな災害に遭ったときにも、日本は必ずよみがえるパワーを持っています。これまでの歴史の中でも、何度も実証されてきました。人々の心の中に、助け合う気持ちが自然にあふれ、「大和魂（やまとだましい）」と呼ばれる美しい響きの音楽が流れ出してくるのです。ユートピアの精神が昔から育てられてきているのです。

日本は、今までにも、大震災や大火、大空襲を乗り越えて来ました。広島や長崎の原爆のときは、半世紀は復興できないとアメリカ側は思い込んでいたのに、数日後から草木が生え、バラックも建ちはじめて本当にびっくりしたそうです。

神戸の大震災のときも、見事に復興しました。被害は大きかったのですが、マイナスだけでなく人間のプラス面もたくさん見ることができました。

私も定年後に開くつもりだったメンタルクリニックを、神戸の大震災のすぐ後、わずか一か月後に開いてしまいました。私にとって、まさに神の戸が開いたような気持ちでした。そのときにクリニックを開いたことで、今この本を書く流れになっています。すべてが今の自分につながっているのです。**揺さぶりはさらに大きなプラスを引**

き寄せるのです。

今回の地震では、地震の被害もさることながら、それまで気にとめていなかった原発の問題に気づかされました。原発が日本にこんなにあったことに気づいてびっくり！　とてもお金がかかり、危険なのだということがわかってさらにびっくり！　一部再稼動しましたが、あっという間に一年間でほとんどの原発が止まってほっとしました。これは嬉しいびっくりです。

原発が危険ならば、これをチャンスに無尽蔵にある宇宙エネルギーを使った「フリーエネルギー」をいよいよ実用化するときだと思います。日本の科学者、井出治さんがすでに「フリーエネルギー」のモーター、「デゴイチ」を発明しています。今までは石油や原発の利権がからんでなかなか進まなかった分野ですが、ここで一気に日本からエネルギー革命を起こすベストタイミングです！

大きな揺さぶりのあと、エネルギー革命とユートピアへの加速的大変化が待っているのです！　愛と笑いのパワーで、平和なユートピア創りへＧＯです！

愛と笑いのメッセージをメルマガ号外に！

東日本大震災後は、私もすぐに自分ができることを探して、翌日からメールマガジンを活用して緊急号外を発信し、不安になっている人々が安心できるようにメッセージを送りはじめました。インターネットを通じて、愛と笑いのメッセージが、熱い思いと一緒にみなさんの心へ届けられたのです。
緊急号外は、このようにスタートしました。

「メルマガ会員のみなさんへ
昨日、東北と関東と長野で大きな地震と津波がありましたが、みなさんは大丈夫でしょうか？
沖縄にも津波警報がありましたが、大丈夫でした。
被災地に近い方、停電や寒さで大変だった方、
必ず救助の愛の手が早い対応で回復に向かいますから、

安心して心を落ち着かせてくださいね。たくさんの天使たちも、活動しています。
停電も瞑想の条件だと、思いを切り替えて、
なるべく自分が望むイメージを思い描いて、祈りの形にしてみてください。

こういう非常時のときには、マイナス思考になりやすいですが、
ニュースを見るときも祈りながら見ると恐怖を受け取りません。
逆に愛の祈りが現地に届きます。
どうしても不安が強いときには、ニュースを見ないようにして
身体を温めるようにリラックスできるようにしてください。
今日みんなで一緒に愛の祈りをしましょう！
必ず、日本はよみがえります。地球は大丈夫です‼

それでは、また！

笑いの天使・啓子より」

ネガティブな情報が飛び交う中で、少しずつ笑いを入れたメッセージは、不安でいっぱいの人々をほっとさせて、安心への手がかりになったようです。この号外を発信するために私は生まれてきたのかもしれないとさえ思ったほど真剣勝負でした。

ユニークな精神科医になり、本を書き、講演会やセミナーやメールマガジンでみんなが元気になるようなメッセージを送り続けてきたことが思いがけない流れで最大活用されました。そのあたりの詳しいことは、前著『光の時代がはじまりました』(徳間書店)を参考にしてください。いろんな情報が満載で読み応えがあります。書いた本人も何度も読み返しているお気に入りの本です。

その後もメールマガジンを活用したメッセージは終結させず、今でもひたすら愛と笑いのメッセージを号外で送り続けています(メルマガ登録をしなくても、私のホームページから自由にご覧いただけます)。その流れでメッセージがいっぱいのこの本も出すことになりました。

また最近の号外は、ぐんと明るく楽しく「ユートピアへのヒント」になっています。最新の号外も紹介します!

「みなさんお元気ですか?


無事に6月23日の夏至も終わりました。

23日の慰霊の日(※)も穏やかに終わり、一山越えたという安堵感があります。

２０１２年の前半がようやく無事にクリアされました。

後半の12月21日の冬至まで、楽しく走り抜けましょう!

沖縄は23日から梅雨が明けて、青空の夏日が始まりました!


金星でのアセンションのときにも、大都市から自然豊かな場所へと民族移動がありましたが、地球でもその流れが始まっています。

特に元・金星人たちは、以前の金星でのアセンションを思い出して、突然移り出すタイミングがきています。

すでに自然とともに生きている方は、「これでいいのだ!」です。

都会でも自分はここでユートピアを築くと決めた方も「これでいいのだ!」と天才バカボンのポーズで3回言ってみましょう!　わくわくのパワーがさらに湧き出てきます。

(※) 太平洋戦争で沖縄戦が終結した日

エクスタシーチェンジをしたい方は、自分の本音に従ってみましょう！

びっくりするほど、楽しい流れに変わります。

「天の舞」を訪れる方にも沖縄に移住する人々がどんどん増えています。

ムー大陸時代のよみがえりがはじまっているからです。

ムー民だった人たちが、自分たちの出番だと、ときめいています。

ハワイが目覚めました！　沖縄も目覚めました！　アイヌの北海道もでっかく目覚めました！

これから好きなところに位置することを決めましょう！

あなたの大好きな担当の場所はどこですか？

6月16日の札幌での講演会もおかげさまで大盛況でした。
来てくださった方、ありがとうございました。
マリーアントワネットで登場して、さわふじの妖精になりました。
飛ぶ話、朱鷺の話、鳥族の話、そして深い愛の話など、
盛りだくさんの濃い内容になりました。

上空に龍を飼って、「リュー！」と呼びかけましょう！　最高のお天気にしてくれます。金星人からのアドバイスで、「ヒュー！」と言えば、どんなに落ち込んでも一気に7次元に飛べます。「リュー！」と「ヒュー！」がこれからの合い言葉、魔法の言霊になります！

ヴィーナスパワーを受けて、アートに目覚めた札幌のスタッフの皆さんが「天の舞」のユートピアの壁画を再現してくれて、講演会のステージにドーンと飾られて、お見事でした。北海道らしくラベンダーや雪だるまやふくろうも描かれていて、とても素敵でした。

感性が光って、歌、踊り、絵画、彫刻、器楽、詩などあらゆる自己表現が活発になっています。私たちは、みんなアーティストなのです！

金星文化に近づき、５次元以上の世界にまっしぐらです！

みんながアーティストになって、自己表現をどんどん楽しみます。

今までやりたいと思っていた芸術に目を向けましょう！
みんなでアーティストになれば、恥ずかしくありません。

平和な地球をイメージしましょう！　地球も軽やかに美しくなってきます。
愛の祈りは瞬間で届きます！　投げキッスをしましょう！　あなたにもチュッ！
金星が応援しています！　射手座も応援パワーを送ってくれています。
地球と一緒にエクスタシーチェンジです！　みんなで芸能を開きましょう！
被災地でもアートな生活ができます。工夫次第です。
日本が、地球が黄金の光、ヴィーナスパワーに包まれています。
すべてはうまくいっている！

私たちは光です、愛です！　意識です！　自分の宇宙の中心につながります！
エクスタシーチェンジ、おめでとう！
新しい地球、楽しい宇宙、キラキラの私たちにブラボー！

それでは、また！

ヴィーナスパワーで楽しく芸能を磨く笑いの天使・啓子より」

3・11で目覚めたボランティアの思い

震災後、多くの人が、被災地へボランティアに駆けつけました。私も五月の連休から行動を開始して直接被災地に入り、愛の祈り、個人ヒーリングセッション、そして心のケアセミナーをすることができました。

なぜ、私が行動をすぐに起こして現地へボランティアに行ったのかは、事情がありました。スピリチュアル的にいうと、天使からどうしても早々に現地へ入るようにとの要請があったからです。

巨大な水の壁、大きな津波によって、時空がゆがんでしまったので、その修正をするようにと頼まれたのです。もちろん私一人で時空のゆがみを修正するわけではありません。私のメルマガのネットワーク二万人による「愛の祈り」がそれだけのパワーを持っていたのです。日本をのみ込もうとするウルトラマイナスのエネルギーは、ウルトラプラスのエネルギーで包み込むことによって中和できるのです。それが「愛の祈り」でした。

私が行動を起こして現地に行くことは、アンテナを取りつけに行くような感じでした。そのアンテナになってくれたのが、ウルトラパワフルで癒しの実績があるネイティブアメリカンのクリスタルワンドでした。「私が行きます！」とワンドが自分から意思表示をしたのです。その子を連れて行くことで、自然に愛の祈りがネイティブアメリカン方式になりました。瓦礫の一部で丸十字のメディスンホイールをつくり、ボランティア仲間と左回り、右回りに回る儀式をして、アマテラスのマントラで愛の祈りをしました。現地からメルマガ緊急号外を発信していたので、二万人の愛の祈りができ、見事に光の柱が立って、時空のゆがみの修正が可能となりました。まだ迷っていたたくさんの霊たちも光の柱に吸い込まれるように光に帰っていきました。

現地での人々の感動的な動きや言葉に、逆にとても癒されました。

「家は流されましたが、家族はおかげさまで無事でした。今は何も悩みはありません」という中学二年生の男の子の言葉が神々しく感じられました。

彼の個人セッションをすることになったのは、魂の縁を感じたからです。やはりイギリスの過去生で学者仲間でした。イギリス時代、息子が好きになった女性との結婚を反対したために息子がうつになったことを反省して、今回の人生では二人をつなげるキューピット役をしていました。つまり彼の今の父親と母親です。とても元気がよく、笑顔が素敵なお母様にも会うことができました。どんな状況でも笑顔はまわりを明るく照らします。

自分も被災しているのに、不眠不休で活動している陸前高田の仮設役場の人々の姿にもじかに触れて、心から感動しました。家が流されても「生かされていて幸せだ」とすっきり言い切っている主婦の方に感動しました。

人々が人生で「絆」の大切さを改めて考えはじめたのだと思います。大きな気づきのときを迎えました。

災害時には、人のために今自分ができることは何かを思い返すことができます。お金や体力やアイデアや「愛の祈り」など、それぞれの表現で支援されて被災地も少しずつよみがえってきています。

大きな津波で今までの過去がすべて消えてリセットされると、自分達の思いが現実化するという現象が、さらにわかりやすく表われてくるのです。

一人ひとりの思いがそのまますぐに現実化して形になるからです。

まるでまっさらなキャンバスに絵を描くような感じがします。大変ですが、それだけに生きがいも大きく深いと思います。

日比谷花壇に勤めている私の弟が、何か自分にできることはないかと考えて「ひまわりプロジェクト」を提案したら、社内で採用されました。東京の小学校や大学や高齢者施設などで育てたひまわりの苗を、被災地の小学校や仮設住宅に植えるという案でした。実際にそのプロジェクトがはじまると、弟が率先して実践することになったのです。弟が東京から夜行バスで早朝仙台に着いたときに、私もボランティア活動で仙台入りしていて、ちょうど東京から来ていた仙台に縁の濃い友人と三人で、朝食を一緒に取ることができました。

それぞれ仕事や住む場所が違っていても、それぞれにボランティア活動をして、場所と時間が一点で重なった奇跡に感動しました。きっと光に帰った両親がニコニコと笑顔で二人の朝食風景を見守ってくれていたと思います。

両親に喜んでもらえるボランティア活動が、それぞれの立場で同時にできて、幸せに思いました。

友人も、何度も夜行バスで仙台入りし、瓦礫撤去やお弁当配りなどのボランティア活動をしていました。朝食が終わるころ、「ところで私達は、何か共通するものがあって、今ここにいるのかしら？」と彼女が問いを投げかけました。話をしているうちに、互いに伊達藩つながりで、伊達政宗の家臣だったかもしれないという面白い共通点が浮き出てきました。

「誰かのためになりたい」という思いが湧いてくるのも、過去生の縁が関係しているのかもしれないと、そのときは軽く仮説をたてていただけでしたが、それから約一年後の仙台講演会のときにしみじみとそれを感じるエピソードがあったのです。

先祖と子孫の再会で笑顔に！

東日本大震災から一年後、仙台講演会に行く準備をしているとき、突然主人が「自分も仙台講演会に行く」と直前に言い出してびっくりする展開がありました。獣医になりたかったほど犬猫が大好きで、被災地の犬猫を保護しているボランティア団体「ドッグウッド」さんを支援したいという話が主人から出ていました。その「ドッグウッド」さんのブースが仙台の講演会に出ると聞いただけで、すぐに行くという衝動が湧いてきたのです。しかも彼は、伊達政宗の家臣で軍師だった片倉小十郎が大好きで、自分は生まれ変わりかもしれないという伊達藩との縁もありました。

仙台に着いてから直行で伊達政宗を祀っている青葉神社に行きました。青葉神社の宮司さんは片倉重信さんという方で、片倉小十郎の十六代目にあたる子孫でした。

「私の名前の『重信』の『重』という字は、二代目の片倉重長からもらったのです。自分はその重長の生まれ変わりだと思っています」とおっしゃる片倉重信宮司さんの話に、新たなびっくりが加わりました。先祖と子孫の再会だと思っていたら、過去生の親子の再会でもあったのです！

片倉宮司さんは子どものころから病弱で、人前に出るのが苦手だったそうです。なぜ人前に出たくないのか、その意味が二十三年前にようやくわかったのです。

伊達政宗の霊がついているという普通の主婦の方が「仙台の青葉神社に連れて行ってくれ、会いたい人がいる」と言い出して、片倉宮司さんに会いにきたそうです。

「伊達政宗はたくさんの人々を殺してしまい、あの世で罪の償いの修行をしているので、まだ神として青葉神社にはおらず、留守をしている。でも安心されよ、そこには天照大御神（あまてらすおおみかみ）と龍神がいらして、ちゃんと守ってくださっている」というメッセージを届けに来たのでした。

片倉宮司さんはそのメッセージから次のように感じたそうです。

「片倉小十郎は、軍師として伊達政宗にいろいろ教えた人なので、その恨みをもつ霊達が自分を取り囲んでいたのだと思います。だから子どものころから病弱だったのだとわかりました。それから毎日お詫びをする行を始めました。直接戦った相手たちだけでなく、彼らのまわりの家族、とくに女性たちにもお詫びをしなくてはと思って、ずっと祈り続けたのです。いつか家族や女性たちとも仲よくしたいと思っていました。すると、八年前に青葉祭りのみこしがパーッとまぶしい光を放ち出したのです。ついに伊達政宗が神になった瞬間だと思いました。そのことは誰にも公表していないのに、いろんな人が『おめでとう』を言いに全国からやって来たのです。最初に来たのが沖縄の女性でした」

　片倉宮司さんはすっかり元気になって人前で話が自然にできるようになり、話し出すと三時間は止まらないというくらい楽しい方向へと変化しました。まさにエクスタシーチェンジです。

　それからは、「歴女」と呼ばれる戦国史に興味を持つ若い女性たちが、小十郎の子孫である片倉宮司さんに会いにくるようになりました。若い歴女たちに握手を求められて最初は躊躇(ちゅうちょ)していたのですが、よく考えてみると、自分が望んでいたこと、女性たちとも和解して仲よくしたいと祈っていたことを思い出して、戦国の女性たちの代表者として喜んで握手をするようになりました。

片倉宮司さんが、主人のことを気にしてちらちらと見ていたのは、自分によく似ていると思ったからだそうです。片倉重信さんが二代目の生まれ変わりなら、主人とは過去生での親子の再会でもあります。しかも片倉小十郎の生まれ変わりと子孫との対面でもあるのです。

二人の写真を撮ると、同じ角度を見て同じように笑っているのです。よく似ていてびっくりしました。

魂の宿題が完了すると、私達は自然に素敵な笑顔になってきます。つらい苦悩のときは笑顔になれません。まだ魂の宿題をやっている途中だからです。

みんなが自然体の笑顔になるには、それぞれが魂の宿題を終えることが大切だとしみじみ思いました。

実は、本当に過去生はあるのか、本当に人間は生まれ変わっているのかとまだ半信半疑だったのですが、最近はかなり確信するようになりました。

どんな人とも魂の縁があって出会っているのです。それを楽しめるようになりましょう!

あなたにも、懐かしい魂の縁を感じる人がきっとまわりにいます。そのときの関係性が今の感情に大きく影響しているのです。

あなたの魂の宿題ももうすぐ終わるかもしれません。

自然で素敵な笑顔になったら、卒業です。あなたの笑顔が心から楽しみです！

入魂の仙台講演会

　2012年の5月に、仙台で3・11以降二回目の講演会を行いました。ちょうど金環日食を迎えた直後だったので、太陽と金星からのダブルパワーがあふれる、内容の濃くて深い講演会になりました。私はまるでこれが最後の講演会であるかのように、遺言のように、みなさんに伝えておきたいメッセージを、丁寧に情熱と愛を込めて語りかけました。

　私が被災地に届けられるのは、愛と笑いのエネルギーしかありません。それをみなさんに受け止めてもらって、それが復興のエネルギーに変換されたら、どんなに幸せかという思いで講演会に臨みました。

　光に帰った母の手作りで、最高傑作の着ぐるみ「太陽の塔」で登場し、大爆笑を得たあと、しばらく太陽や金星からのパワーの話をしました。それから舞台でその着ぐるみを脱ぎ、中から沖縄の花「伊集ぬ花（いじゅ　はな）」の妖精のドレスで出てきてまた大爆笑！

大きな天使の翼をつけてさらにパワーアップ！　そして沖縄から持ってきた生の「伊集ぬ花」を紹介し、会場の人に回して花の香りを楽しんでもらいました。

「伊集ぬ花」のアロマは、不必要な罪悪感からの解放と再生、リセットを助ける働きがあり、被災地にはぴったりの香りです。自分だけ生き残ってしまったという不必要な罪悪感を持っている人々や、再生へのエネルギーがまだ出てこない人々を癒す香りなのです。伊集ぬ花の妖精になって、解放のお手伝いをさせてもらいました。これからさらに再生、よみがえりのパワーを使って、ユートピアをつくっていくからです。

何もなくなってしまった被災地のゼロからのスタートからユートピアになるために、新しいアイデアの出番となります。ユートピアへの道を示唆する講演会になりました。

「たくさん笑いました。そしてたくさん泣きました。頑張って来てよかったです。啓子先生ありがとう！　また来てください！」とサイン会で嬉しい感想を聞くことができました。宮城以外の東北五県からもたくさん参加されていました。東北に愛と笑いのエネルギーが届いてくれたと思います。

前日に伊達政宗の青葉神社を訪れて、片倉小十郎にまつわる感動体験をしたことも話しました。被災して壊れた大きな鳥居が素敵なオブジェになって、新たなパワースポットにエクスタシーチェンジしたことも伝えました。伊達政宗の大きなパワーが活躍しています。

第1章で紹介したように、**意識の歴史は、人間になる前に、鉱物、植物、動物、そして人間と、いろんないのちを体験している**という話もしました。みんな大いに笑いながら、自分がはまるもの、熱中するものは、昔の自分かもしれないという面白い話に、自分はいったい何だったのかと振り返りながら、意識が大きく広がっていく楽しさを感じてくれたと思います。

講演会のデモンストレーションには、過去生がネイティブアメリカンのシャーマンで、今もヒーラーになりたいという女性が選ばれました。二人目の方も、ネイティブアメリカンだった男性が選ばれました。ご自身は手を挙げていなかったのですが、天使がどうしてもこの人を当ててと動かなかったので、前代未聞でしたが天使の意向に従って当てたのです。

その方は、冬の食料がないときに、白人に食べ物を分けてあげて多くの人々を救い、アメリカの東海岸で銅像にまでなっていた人でした。今の人生でもすべての人々に分け隔てなく優しく、宮沢賢治のような農業の科学者で、しかも講演会の主催者のお兄様だったのです。自著『光の時代がはじまりました』(徳間書店)でも紹介した自然農法のお米作りを研究している岩渕成紀さんです。過去生の時代に助けた人々が今の仕事でシンポジウムなどに関わっている人々だとわかり、感無量の愛に包まれ彼も思わず涙していました。

講演会では、**「田んぼは宇宙であり、マンダラである」**ということをお話ししたのですが、岩渕さんも同じ世界観を持った方でした。自然農法「ふゆみずたんぼ」は、「田んぼの草や虫もすべて宇宙である」という発想の農法で、安心して食べられるお米を作っています。

「ネイティブアメリカンの人達は、七代先の幸せまで祈るといわれています。今はとても幸せで悩みはないのですが、これから生まれてくる孫の時代も幸せであって欲しいのです」との発言には、質問というよりも優しさがあふれる未来への祈りが込められていました。ネイティブアメリカンの、自然と一体になった世界観が一気にあふれたような空気になり、至福のひとときでした。種族を超えた深い愛に会場自体が包まれて素敵な聖なる時間になり、天使がどうしても彼を当てて欲しいと言った深い意味がわかったような気がしました。

それと同時に被災地もぐんぐんとよみがえっていくパワーも感じられたのです。

今、沖縄の「天の舞」で原稿を書いていたら、ちょうど目の前をオオゴマダラという日本一大きいといわれる白黒の蝶が飛んでいきました。最近「天の舞」が気に入ったのか、毎日のように飛んで来てくれます。

夜には蛍も優雅に飛んでいます。昨夜は星がたくさん出ていて、その間を宇宙船がいくつも飛んでいました。

すべてが「宇宙」というマンダラの中に息づいています。「田んぼは宇宙であり、マンダラである」という世界観を、被災した仙台で語ったことは、きっと参加者の方々の心に響いて、それぞれのユートピアが宇宙的に創造されていくに違いないと思います。

講演会の前にちょうど「マンダラワーク」という、楽しくて深いワークをしました。

最初はマンダラの塗り絵をして、それから瞑想のあと自分の世界をマンダラに描いていきます。参加者の数だけ世界観があって、カラフルで個性的で、みんな世界観が違っていていいのだということを体感できました。

宇宙が今、私達の人生の舞台である地球を応援してくれています。

宇宙から私達は、肉体という素晴らしい器を期間限定でお借りして、人生を体験しています。魂が決めてきた寿命のときまで、宇宙の一部を借りてどんな思いでどんな人生が展開するかを体験しているのです。

宇宙が見守ってくれているときに、私達は地球と一緒に大きく羽ばたこうとしています。

今、飛ぶにはベストタイミングなのです。

ちょうど、このメッセージの本が２０１２年の辰年に世に飛び立つのも、龍が飛翔するかのように、ベストタイミングです。

自著『光の時代がはじまりました』(徳間書店)のあとに、とても日常的で具体的な内容のメッセージ本を書くのは、大きく飛び立ったあとに、地面をゆっくりと歩くような感じがして、最初とても戸惑いました。ところが、最後の章を迎えて、この本の深い役割をやっと感じることができました。亀はネイティブアメリカンの象徴でもあります。自然と一体になって、宇宙を感じながら生きる生き方です。

「鶴と亀がすべった」という歌詞がある**『かごめかごめ』の歌のように、空を飛ぶ鶴と、地をゆっくりと歩く亀がすべる＝統合することで、本当に天と地が結ばれて統一される世の中になるのです。それこそがユートピアです。**

これに気づいたきっかけは、ちょうどはまっていた韓国ドラマ『ファン・ジニ』です。初恋を引き裂いた舞の師匠への復讐のために、ライバルの師匠から剣舞を習い、勝負をかけようとするのですが、独舞の天才のジニは、群舞が踊れません。仲間の踊りを見ないから呼吸が合わないのです。謙虚になり、心をひとつにすることで、みんなと息が合い、美しい舞ができるのです。

実は私も独舞タイプなので、ベリーダンスとフラメンコを踊るときの群舞が苦手なのですが、今、その両方を習っています。特にベリーダンスでは先生の振りつけ通りに踊ることが苦手で、音楽を聴くと違う踊りをしたくなるのです。やっとその意味がわかったとき、先輩の踊りに近づいて、ハモって、群舞に参加することができました。

きっと今は、自分の中の鶴と亀を統合する時期なのです。そうでないとユートピアができません。人は、一人では生きていけないのです。みんなと一緒に共生するには、愛を持って相手を観察し、受け入れて、認めていかなければなりません。その統合の練習を、踊りを通して学んでいたのです。

第7章の執筆中に、『ファン・ジニ』を観ていたのも偶然ではありませんでした。

個性を磨きながら、なおかつまわりとの調和を図っていくことで、本当の平和、調和、ハーモニー、ユートピアを創ることができていくのです。

「誰かのためになりたい!」と思うこと

あなたは「誰かのためになりたい!」と思ったことがありますか?

「誰かのためになりたい!」という思いは、大きな愛の表現です。自分のことを考えるだけでなく「誰かのために何かしたい!」という思いは、あなたの愛があふれてきた証拠だと思います。波動が高まってきたのです!

私達は自分が幸せで愛に満たされてくると、まわりの人も幸せにしたくなるのです。とても自然な流れで素敵なことです。そういう心境になったことにブラボーです! あなたらしいやり方で、やりやすいことからスタートしてみましょう! きっと新たな生きがいを見つけることができます。

誰かほかの人を幸せにしたいという気持ちは、とても素敵なことです。「自分」という個人の幸せから、「公」の幸せに大きく変わる、素晴らしい「エクスタシーチェンジ」だからです。

私達は何度も生まれ変わって、さまざまな体験を積んでいるうちに「個」から「公」への発展をします。波動が高まってくると自然に引き寄せられる流れなのです。

自分が幸せになりたいのは、決して悪いことではありません。幸せになるために私達は生まれてきているのですから。でも自分の幸せが満たされてくると、まわりの人にも幸せになって欲しいと願うようになるのは、とても自然で素敵なことなのです。愛があふれてきた証拠なのです。

その思いをどのように、自分らしく表現していくかが、次の段階です。

私達は生まれ変わるたびにいろんな仕事を体験しています。そのたびにプラスの思い込みやマイナスの思い込みを潜在意識にためてきました。

今回の人生では、マイナスの思い込みをプラスの思い込みに変えて、もっと自信をつけたいと、私達の魂さんがしっかりと盛りだくさんな人生のシナリオを書いてきています。だから、途中までつらいことが続いても、やがては明るい流れに自然に変わっていきます。このことは大切なメッセージなので、覚えておいてください。

つらいことが続くのは、魂の宿題を必死で終わらせようとしているからです。**魂の**

宿題が終わると、急に霞みが晴れるようにパーッと目の前が明るくなり、視界が開けてきて、何でもうまくいくようになります。突き抜ける瞬間です。そのあと、人のために自分を役立てたいという純粋で清らかな思いがふつふつと湧いてきて、そんな自分が大好きで愛おしくなります。

何をしたら、まわりの人々が喜んでくれるかを考えることが楽しくなってきます。人を喜ばせたい心境は、精神性として高まっていて、すでに光の世界に到達しているのです。

人生一切無駄なしにできています。どんな些細なことも必ずいつか役に立つようになっています。今回の人生ではなく、次の人生、あるいはそのまた次の人生で花開くために役立つかもしれません。今苦労していることも、今楽しんでいることも、すべて同じように、いつかあなたが花開くときに必ず土台になってくれます。

だから安心して、今のあなたの生き方を続けてください。何も間違っていません。あなたがしたいように、気がすむまでやり続けてください。気がすんだら終わりにしましょう！　そのときこそ、あなたが体験したかったことが十分に体験できたときです。

その体験は、しっかりとあなたの光のパレットの上にのりました。いつかあなたが使いたくなったときや、何か夢を叶えるときに、光の絵の具として使われます。個人の夢が次々と叶うと、自然に誰かのために役に立ちたいという夢が芽生えてきます。人を喜ばせて幸せにする仕事は大きな喜びを感じることができるのです。これは「個」から「公」へと意識が高まっていくプロセスなのです。家庭、職場、学校での人間関係の中で磨かれてきたあなたへブラボー！

生まれてきてくれて本当にありがとう！
あなたが生きていてくれて、本当に嬉しいです！
あなたが大好きではまっているものが昔のあなたの姿です！
これからも大切にしてあげてください。そんなあなたを愛おしく思います。
あなたのいのちにありがとう！　あなたの素敵な笑顔にブラボー！
一緒に、愛と笑いで地球を平和なユートピアの星にしましょう！
笑顔がいっぱいの世の中にしましょう！

おわりに

この本を読んでくださって、本当にありがとうございました。

世界で大きな変動が多いときに、少しでも安心と平安な気持ちになっていただけたでしょうか？

人生のいろんな面での具体的なヒントが得られたでしょうか？

参考になるアドバイスが見つかったらとても嬉しいです。

今回は小見出しの内容まで細やかに、編集者の佐藤望さんが提案してくださいました。

前著『光の時代がはじまりました』（徳間書店）の内容がかなりグローバルで斬新だったので、今回の本はとても日常的な内容に戸惑うこともありましたが、この日常こそが人生だと気づいてから、流れるように書くことができました。

第1章と第2章は、天の舞のスタッフにも読んでもらって、さっそく役に立って十分な手ごたえを感じることができました。第3章は韓国ソウルの旅先で書き始めて、その後、講演会のために出張した東京、新潟、名古屋、仙台とノートパソコンをいつも持って移動し、6月の初めにようやく書き終わりました。

忙しい中での執筆だったので、本を書き上げたときは感無量、とても幸せな気持ちになりました。しっかりと地に足が着いたと思いました。

編集者の佐藤望さん、編集長の山本雅之さん、本当にありがとうございました。

ずっと応援してくれた家族にありがとう！

沖縄の煌セラの伊地代表、スタッフのみなさん、天の舞のスタッフのみなさん、いつも応援をありがとう！

そして、あろは、エッセンス、クラリス、スターローズ、天然香房、コスモミント、小西動物病院、リフレックス、アバンテック、沖縄インターネット放送などの楽しい仲間たちのおかげで、講演会、ミニ講演会、ワーク、ヒーリングセミナーなどを続けることができています。

本土では、埼玉の神辺さん、名古屋の川井さん、半田の藤井さん、飛騨高山の大圓さん、松江の米澤さん、新潟の板倉さんご夫妻、和歌山の西本先生、北海道の能登谷さん、高知の久保田さん、岡山の歳森さん、久留米の山本さん、林さんご夫妻、小雪さん、いつも講演会やセミナーでお世話になっています。本当にありがとうございます。

クリエイティヴスクールやヒーリングセミナーに参加してくれたみなさん、本当にありがとう！

とてもたくさんの方々に支えられて、活動ができています。

みなさんの人生が、さらに輝いて幸せで楽しい毎日になりますように、ゆったりと平和で素敵な笑顔がいっぱいの世界になることを、心から祈っています！

2012年　7月吉日

魂科医（たましいかい）・笑いの天使・楽々人生のインスト楽多ー

越智啓子

越智 啓子（おち けいこ）

精神科医。（魂科医、笑いの天使）
北九州生まれ。1978年、東京女子医科大学卒業。東京大学付属病院・精神科で研修後、ロンドン大学付属モズレー病院に留学。帰国後、国立精神神経センター武蔵病院、東京都児童相談センターなどに勤務。1995年、東京で「啓子メンタルクリニック」を開業。1999年沖縄へ移住。笑い療法、過去生療法、アロマセラピー、クリスタルヒーリング、ヴォイスヒーリングなどを取り入れた、新しいカウンセリングによる治療を行なう。現在、沖縄・恩納村にあるクリニックを併設した癒しと遊びの広場「天の舞」を拠点に、全国から訪れるクライアントの心(魂)の相談に応じながら、執筆活動、各地で講演会・セミナーなどを行っている。

ホームページ
http://www.keiko-mental-clinic.jp/

本書は、『愛と笑いのメッセージ』
(2012年9月/小社刊)を文庫化したものです。

マイナビ文庫

こころがどんどん癒される
愛と笑いのメッセージ

2018年4月30日　初版第1刷発行

著　者　越智啓子
発行者　滝口直樹
発行所　株式会社マイナビ出版
〒101-0003 東京都千代田区一ツ橋2-6-3 一ツ橋ビル2F
TEL 0480-38-6872(注文専用ダイヤル)
TEL 03-3556-2731(販売)/TEL 03-3556-2735(編集)
E-mail pc-books@mynavi.jp
URL http://book.mynavi.jp

カバーデザイン　米谷テツヤ(PASS)
印刷・製本　図書印刷株式会社

ISBN978-4-8399-6558-7
Printed in Japan